_____ 드림

마케팅
이렇게
쉬웠어

?

나는
타고나지
않아도
영업을
한다

ZUKAI & JIREI DE MANABU "URERU" EIGYO NO KYOKASHO
supervised by Takashi Hanada, written by Team Uriage Up Kenkyukai
Copyright © 2016 Takashi Hanada, Team Uriage Up Kenkyukai
All rights reserved.
Original Japanese edition published by Mynavi Publishing Corporation.
This Korean edition is published by arrangement with Mynavi Publishing Corporation, Tokyo
in care of Tuttle-Mori Agency, Inc., Tokyo through Tony International, Seoul.

Korean translation copyright © 2018 by Kyunghyang Media

영업의 달인이 되기 위한 알짬 테크닉 108

팀매출상승연구회 지음
하나다 다케시 감수 | 정난주 옮김

마케팅 이렇게 쉬웠어?

나는
타고나지
않아도
영업을
한다

마케팅은 적성이 아니라 기술로 한다

이 책은 마케팅 초보자를 위한 입문서입니다. 마케팅의 기본부터 응용까지 체계적으로 배울 수 있도록 구성했습니다. 마케팅 활동은 비즈니스의 근간입니다. 게다가 IT 기술의 발달과 인터넷의 상용화로 마케팅 방식도 크게 바뀌었습니다. 이를 모르고 하는 마케팅과 잘 활용하는 마케팅은 성과에서 큰 차이가 납니다.

보통은 마케팅을 제대로 배우기 전에 곧바로 실전으로 들어갑니다. 저는 대학생들에게 마케팅을 가르치고 있는데, 이들이 사회에 나가기 전에 마케팅을 미리 배워두면 마케팅뿐만 아니라 인생을 살아가는 데도 도움이 될 것이라 생각합니다.

그래서 이 책은 마케팅력을 습득하려는 사람들을 위한 일반 마케팅을 포함해서, 사람을 대하며 살아가는 기술과 나아가서 최신 마케팅 방법까지 익힐 수 있도록 구성했습니다.

상품이나 서비스마다 판매 방식은 가지각색이지만, 마케팅의 기본은 모두 같습니다. 이 기본을 익히면 더욱 즐겁게 마케팅할 수 있고, 그 기술은 여러분의 보물이 될 것입니다.

저는 효과적으로 마케팅하기 위해 나날이 고군분투하며 그 기술을 발전시켜왔습니다. 앞으로 마케팅을 하게 될 여러분은 저처럼 고생하지 않았으면 합니다.

마케팅은 적성으로 성공하는 것이 아니라, 마케팅 방법을 제대로 배우고 실천함으로써 성공할 수 있습니다. 이 책을 통해서 현재 여러분이 막연하게 안고 있는 불안을 떨치기 바랍니다. 그리고 마케팅을 하면서 명심해야 할 점은 무엇인지, 해야 할 것은 무엇인지, 그리고 어떤 마음가짐으로 마케팅하면 성과로 이어지는지를 깨닫고, 나만의 기술로 만들기 바랍니다.

이 책의 구성은 다음과 같습니다.

제1장 성공하는 마케팅이란 무엇인가?

제2장 마케팅을 위한 기초

제3장 마케팅의 계기를 만드는 어포인트와 어프로치

제4장 고객의 요구를 만족시키는 히어링과 플래닝

제5장 고객 만족으로 이어지는 프레젠테이션과 클로징

제6장 원활한 마케팅 활동을 하기 위해서 해야 하는 일

제7장 마케팅에 날개를 달아주는 SNS

제8장 마케팅 기술을 키울 수 있는 최신 방법

제1장과 제2장은 예컨대 명함 교환 방법 같은 기본 중의 기본 지식이 들

어 있습니다. 제3장부터 제5장까지는 중요한 마케팅 단계(세일즈 프로세스)를 거치면서 고객의 관심을 끌어 계약으로 이끄는 방법이 담겨 있습니다. 제6장에서는 상사와의 관계를 개선하고 내 편을 늘리는 방법이 들어 있습니다. 제7장에서는 SNS와 스마트폰 등을 활용해서 마케팅을 가속화하는 방법을 습득할 수 있습니다.

마케팅에 끝은 없습니다. 마케팅은 나날이 진화합니다. 제8장에서는 마케팅 기술을 한층 더 키울 수 있는 최신 방법에 대해 다루고 있습니다. 앞으로 여러분은 서서히 이런 마케팅을 했으면 합니다.

더 많은 사람이 이 책을 최대한 활용해서 성과를 올렸으면 좋겠습니다. 마케팅을 재미있다고 느끼면 여러분도 자신의 미래를 그려볼 수 있습니다. 이 책이 미래의 변화에도 대응할 수 있는 '마케팅의 기초'를 습득하는 계기가 되길 기대합니다.

목차

2장 잘 팔려면 기본을 먼저 익혀라

3장 마케팅의 계기를 만드는 어포인트와 어프로치

4장 고객의 요구를 만족시키는 히어링과 플래닝

5장 고객 만족으로 이어지는 프레젠테이션과 클로징

6장 원활한 마케팅 활동을 하기 위해서 해야 하는 일

7장 마케팅에 날개를 달아주는 SNS

8장 마케팅 기술을 키울 수 있는 최신 방법

1장

성공하는
마케팅이란
무엇인가?

1-01 영업은 단순한 세일즈가 아니다

마케팅 요소로 문제 해결을 도모하라

열정과 의지만으로는 영업할 수 없다

학생들에게 영업맨이 하는 일이 무엇인지 물어보면 대체로 다음과 같은 대답이 돌아옵니다. 우선은 물건을 파는 것이라고 말합니다. 그리고 그 이미지는 거래처를 상대로 굽실거리거나 남의 집에 억지로 들어와 버티는 사람이라고 합니다. 만화나 드라마의 영향이겠지만, 그것은 진정한 영업맨의 모습이 아닙니다.

'영업'은 영어로 말하자면 '마케팅&세일즈'에 해당합니다. 즉 우리말의 영업이라는 단어는 마케팅과 세일즈(셀링)를 합친 표현이라고 생각합니다. 마케팅에서 중요한 것은 집객(集客), 세일즈에서 중요한 것은 세일즈 프로세스입니다. 고객을 끌어 모아(마케팅), 고객에게 과제를 가르쳐서(니즈의 현재화), 고객의 문제를 해결하는(셀링) 활동이 바로 영업입니다.

우수한 영업맨은 영업에 마케팅 요소를 더해서 활동합니다. 열정과 의지만으로 상품을 파는 세일즈는 이제 먼 과거의 이야기이며, 영업의 일면에 지나지 않습니다.

오늘날 필요한 영업 능력

영업이란 마케팅과 세일즈를 말한다
열정과 의지만으로는 물건을 팔 수 없다

우수한 영업맨은

① 고객을 모으고　　② 고객에게 과제를 가르쳐서　　③ 고객의 문제를 해결한다!

이런 것이 필요
하지 않습니까?　　흠, 그러고 보니

이거지요?　　　　맞습니다!

명함 교환부터 시작한다.

1-02 배우지 않으면 팔지도 못한다

명함 교환부터 시작하는 영업의 기초

수영하지 못하는 사람을 수영장에 넣으면 안 된다

아무런 사전 교육도 받지 못한 상태에서 갑자기 영업을 맡아 어쩔 줄 몰라 하는 신입사원이 많습니다. 중소기업뿐만 아니라 대기업에서도 이런 사례가 비일비재합니다. 이는 예컨대 수영하지 못하는 사람을 수영장에 넣어서 끝에서 끝까지 헤엄치라고 하는 것이나 마찬가지입니다.

그런 식이면 많은 사람이 탈락할 것입니다. 그들에게 열정과 의지가 부족하다고 말한들 장기적으로 상황이 해결되지 않습니다. 전혀 수영할 줄 모르는 사람에게는 먼저 물에 뜨는 방법, 팔다리를 휘젓는 방법 등을 가르쳐야 수영할 수 있습니다.

영업에서 여기에 해당하는 일이 명함 교환 같은 기초 훈련입니다. 이는 세일즈 프로세스에서 해야 하는 교육입니다.

물론 요령이 좋거나 배우지 않아도 잘하는 사람이 있을 것입니다. 하지만 기초를 익혀두면 한층 더 응용하여 발전시킬 수 있습니다.

배우지 않으면 성장할 수 없다.

신입에게 교육도 하지 않고 영업하라고 하는 것은 막무가내다!

수영을 잘하려면 수영의 기초를 가르쳐야 한다!

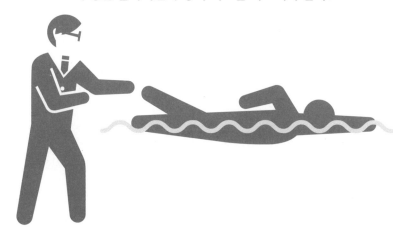

1-03 방문 판매는 한계가 있다

정보 제공형 컨설팅 영업이 주류다

성사율 × 방문 건수로 계산해보라

오늘날 영업 현장은 기업 주도형에서 소비자 주도형으로 바뀌었습니다. 그래서 무작정 고객을 찾아가서 물건을 팔면 큰 성과를 얻기 힘듭니다. 앞으로의 영업은 B2C(기업과 소비자 간의 거래)라 할지라도 제대로 약속을 잡고(appoint), 니즈를 듣고(hearing), 해결책을 찾는(planning) '정보 제공형' 컨설팅이 영업의 주류가 될 것입니다.

물론 현재도 방문 판매가 전혀 이루어지지 않는 것은 아닙니다. 가격이 비교적 저렴하고, 그 자리에서 결제가 가능하고, 지역 특성상 방문 스타일이 적합하다면 가능합니다. 하지만 그래도 한계는 있습니다. 한 사람이 하루에 몇 집을 돌 수 있을까요?

저도 예전에 방문 판매를 한 경험이 있습니다. 일주일에 계약을 2건 따내려면 팔릴 확률이 5%일 때 40집을 방문해야 합니다. 2배인 4건을 따내려면 80집을 돌아야 합니다. 아무리 생각해도 물리적으로 한계가 있지요. 이것이 방문 판매의 한계입니다.

방문 판매에는 한계가 있다.

● 소비자 주도형인 영업맨은 이렇게 한다!

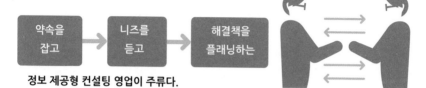

정보 제공형 컨설팅 영업이 주류다.

● 방문 판매를 한다면 이럴 것이다.

성사율이 5%일 때

일주일에 1건을 성사시키기 위해서 20집 방문……

일주일에 2건을 성사시키기 위해서 40집 방문……

일주일에 4건을 성사시키기 위해서 80집 방문……

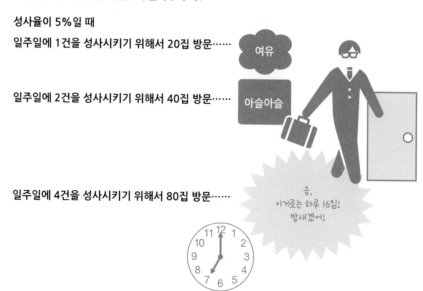

1-04 정보 제공으로 신뢰 관계를 구축한다

고객이 원하는 것은 유익한 정보다

전화로는 신뢰 관계를 쌓을 수 없다

방문 횟수에 한계가 있다면 전화를 걸면 된다고 말하는 사람이 있습니다. 그러나 전화로는 영업에서 중요한 요소가 결여됩니다. 바로 정보 제공과 신뢰 관계입니다.

여러분은 만나지도 않은 사람에게 전화로 단편적인 정보만 듣고 구매할 마음이 생기나요?

오늘날 사람들은 필요한 물건은 거의 소유하고 있습니다. 이런 환경에서 영업맨이 상품을 소개하는 전화를 하면 어떨까요? 몇몇 사람은 상품의 최신 버전 출시나 신기능 추가 소식 등은 들어줄지 모릅니다. 하지만 들어준다고 해도 바로 구입하지는 않을 것입니다.

소비자로서는 먼저 어떤 부분이 어떻게 달라졌는지 자세하게 알고 싶을 것입니다. 그러므로 영업맨은 곧바로 고객에게 정보를 제공하러 가야 합니다. 고객은 그 정보를 받고 판단합니다. 그런 활동을 통해서 신뢰 관계를 쌓아야 당신을 통해서 구매할 마음이 생길 것입니다.

고객과 신뢰 관계를 쌓는 방법

- 전화만으로는 고객과의 신뢰 관계를 쌓을 수 없다.
- 만나지 못한 사람에게는 구매할 마음이 생기지 않는다.

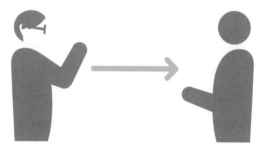

- 새로운 기능이 추가된 신상품이 나왔습니다.
- 자세한 이야기를 듣고 싶다, 들려주고 싶다!

- 신뢰 관계가 구매 의욕을 불러일으킨다.

1-05 세일즈에는 프로세스가 필요하다

판매하지 말고 정보를 제공한다

신뢰 관계 구축이 전제 조건이다

실제로 만나보지 않으면 고객과의 '신뢰 관계'는 구축할 수 없습니다. 신뢰 관계가 없으면 고객은 친분이 있는 다른 사람을 통해서 구매할 것입니다. 흔히 범하는 실수는 오랜만에 연락했더니 고객이 이미 '타사와 계약' 해버린 경우입니다.

이는 고객과 신뢰 관계를 쌓지 못했기 때문입니다. 그렇게 되지 않기 위해서도 고객과 자주 만나서 정보를 제공하는 것이 중요합니다. 영업은 파는 것이 아니라 '정보를 제공하는 것'이라는 생각이 영업의 첫걸음입니다.

여기서 '세일즈 프로세스'에 대해서 간단하게 살펴봅시다.

정보를 제공해서 잠재 고객이 '가망 고객'이 되면, 어포인트(appoint), 어프로치(approach), 히어링(hearing), 플래닝(planning), 프레젠테이션(presentation), 클로징(closing, 계약)의 단계를 순서대로 진행합니다. 초보 영업맨이 흔히 하는 실수는 아직 어프로치 단계인데 판매해버리거나, 히어링도 하기 전에 프레젠테이션해버리는 경우 등입니다. 고객의 니즈를 잘 듣고(히어링), 제대로 된 제안(플래닝)을 하는 것이 중요합니다.

세일즈에는 프로세스가 있다.

● 흔히 하는 실수

잘 지내셨어요?

아, 그거요. 다른 데서 샀어요. 죄송해요.

- 정보 제공을 소홀히 하고 만나지 않으면 이렇게 된다.
- 영업의 첫걸음은 '정보를 제공하는 것'이다.

● 세일즈 프로세스란?

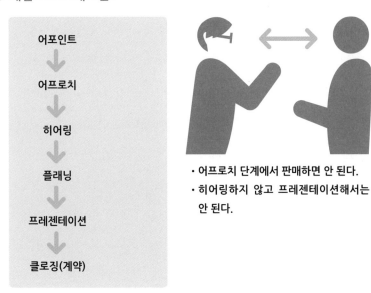

어포인트
↓
어프로치
↓
히어링
↓
플래닝
↓
프레젠테이션
↓
클로징(계약)

- 어프로치 단계에서 판매하면 안 된다.
- 히어링하지 않고 프레젠테이션해서는 안 된다.

1-06 우수한 영업맨은 키퍼슨을 만든다

고객의 4분류

쉬면서 성과를 올리는 방법

정보는 고객에게 제공합니다. 고객은 4종류로 나눌 수 있습니다.

① 잠재 고객 ② 가망 고객 ③ 계약자 ④ 키퍼슨

'잠재 고객'이란 지금까지 만난 모든 사람입니다. 파티 등에서 명함만 교환했던 사람도 포함됩니다. 신입사원이라면 인맥은 거의 없지만, 오래 일하다 보면 넓어질 수 있습니다. 리스트를 만들어서 그들에게 정보를 꾸준히 발신해보세요.

발신 방법은 많지만 지금 시대라면 인터넷을 활용하는 편이 좋습니다. 보낸 정보에 반응해준 사람은 '가망 고객'이 됩니다. 가망 고객과 어포인트를 잡고 세일즈 프로세스를 거쳐서 계약 성사가 되면 '계약자', 나아가 또 다른 가망 고객을 소개해주는 사람이 '키퍼슨'입니다.

우수한 영업맨은 키퍼슨을 많이 가지고 있습니다. 자신이 쉬고 있는 동안에 키퍼슨이 여기저기에 소개해줘서 성과로 이어지는 경우도 있습니다.

고객은 4종류로 나뉜다.

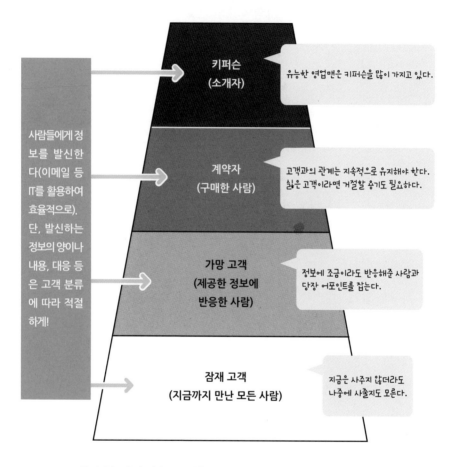

● 우수한 영업맨은 고객을 잠재 고객에서 키퍼슨까지 키운다.

1-07 대상 고객이 있는 곳을 방문한다

집객의 중요함

운전면허 학원 수강생을 이렇게 모았다

앞서 방문 판매로 가망 고객을 찾는 데에는 한계가 있다고 말했습니다. 왜냐하면 잠재 고객도 아닌 사람들에게 마구 들이대는 것이나 마찬가지이기 때문입니다.

하지만 저도 그랬던 시절이 있습니다. 처음 취직한 회사에서 운전면허 학원을 열었는데, 저는 이 신규 사업에서 고객을 모으는 일을 했습니다. 지도를 한 손에 들고 인근 집들을 한 채씩 방문하는 것부터 시작했습니다. 하지만 평일 낮에 집에 있는 사람이란 주부나 고령자뿐이었습니다. 자동차 면허가 필요 없거나 이미 가지고 있거나, 자식들은 도시권 대학에 다니느라 집에 없어서 잠재 고객조차 찾을 수 없었습니다.

그러다 문득 면허를 따고자 하는 사람은 취업을 앞두고 있는 고등학생 중에 많다는 사실이 떠올랐습니다. 처음부터 그런 학생(=대상 고객)이 많은 곳에 가는 것이 더 좋다고 생각했습니다. 그래서 졸업 후 취직하는 학생이 많은 상업 고등학교에 어프로치를 하기로 했습니다. 이는 '집객'이 중요하다는 발상으로 이어졌습니다.

집객을 먼저 생각한다.

● 운전면허 학원의 고객 획득을 위한 방문 판매

잠재 고객조차 찾지 못했다.

● 고등학교 졸업 전인 학생을 대상 고객으로 삼기로 한다.

● 취업을 앞둔 학생이 많은 고등학교에 어프로치한다.

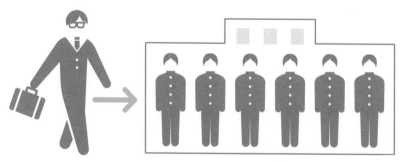

● '고객은 어디에 있는가?'를 생각하는 것부터 시작한다.

1-08 소개 영업으로 가망 고객을 늘린다

꾸준한 정보로 고객 확보하기

소개를 통해 가망 고객을 한층 더 늘린다

저는 고등학교 취업 담당 선생님에게 '운전면허 상담회' 여는 것을 제안했습니다. 제가 학교로 찾아가 쉬는 시간에 선생님과 학생의 상담을 받는 식이었습니다.

앞서 영업은 "판매보다 정보 제공이 먼저다."라고 말했습니다. 취업이라는 확실한 진로가 있으면서 운전면허를 따기 원하는 학생에게 운전 강습 내용과 비용 등의 정보를 제공했습니다.

선생님도 진로 지도의 일환으로 협력해주었습니다. 전단지를 준비해두고 개인적으로 상담받고 싶을 때 연락할 수 있도록 했습니다. 이런 활동으로 가망 고객의 리스트가 차츰 완성되어 갔습니다.

다른 학교에도 가서 가망 고객을 한층 더 늘렸습니다. 같은 상담회를 여러 번 실시했고, 운전 연습장에 온 학생의 형제나 지인까지 소개받았더니 고객이 순식간에 늘어났습니다. 소개자가 형제나 선배라면 신뢰가 높아서 성과로 이어지기 쉽습니다. 이 실적으로 저는 영업상을 받았고, 이 경험은 현재 제가 실천하는 '세미나 영업'의 기초가 되었습니다.

판매보다 정보 제공이 먼저다.

● '운전면허 상담회'를 연다.

● 안내 책자나 전단지를 준비해서 개별 상담을 받는다.

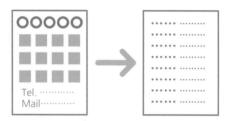

전단지가 ➡ 가망 고객 리스트가 된다!

● 소개를 통해 가망 고객 증대 → 세미나 영업으로!

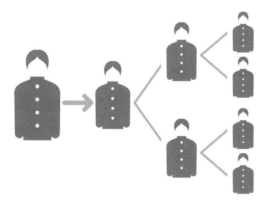

1-09 판매보다 집객이 중요하다

집객으로 잠재 고객 늘리기

명함 교환부터 시작하는 데이터베이스 만들기

운전면허 상담회가 성공을 거둔 이유는 방문 판매를 그만하고, 가망 고객을 모으는 일에 집중했기 때문입니다. 영업은 '집객'과 '판매'로 이루어져 있습니다. 유명한 가게처럼 저절로 손님이 들어오는 업종이라면 이 두 가지는 분담할 수 있습니다.

하지만 중소기업이나 개인은 둘 다 해야 합니다. 그리고 '판매'보다 '집객'이 더 중요합니다. 그런데 가망 고객은 잠재 고객 중에서만 나옵니다. 그러므로 잠재 고객을 얼마나 많이 모으느냐가 관건입니다.

가장 쉬운 방법은 가능한 한 많은 사람을 만나서 명함을 교환하고 그 사람들의 리스트(고객 카드)를 만드는 것입니다. 리스트에 고객 관련 데이터를 부가해갑니다. 이것이 오리지널 데이터베이스입니다.

물론 정보를 모을 때는 상대방에게 불쾌감을 주지 않도록 유의해야 합니다. 리스트 만들기의 다음 단계가 정보 제공입니다. 이때 발신한 정보에 반응해준 사람이 가망 고객이 됩니다.

판매보다 집객이 중요하다.

● 영업은 집객과 판매로 이루어지지만 집객이 더 중요하다.

명함 교환부터 시작한다.

● 고객 카드를 만들어서 데이터를 부가한다.

잠재 고객 카드

● 고객에게 정보를 제공해서 반응해준 사람이 가망 고객이 된다.

잠재 고객을 얼마나 많이
모으느냐가 관건이다.

1-10 잠재 고객과 끊임없이 소통한다

다양한 수단 동원하기

정보를 꾸준히 발신해야 가망 고객이 된다

가령 제가 자동차 영업맨이라고 합시다.

지금 자동차를 사려고 하는 사람이 있다면 그 사람은 누구에게 상담할까요? 가족이나 친척, 친구 중에 관계자가 있으면 그들에게 상담할지도 모릅니다. 하지만 주변에 그런 사람이 없다면 평소에 정보를 주면서 연락을 취하던 제게 상담을 의뢰할 가능성이 높습니다.

"자동차 관련해서 상담을 받고 싶어요."라고 연락을 준 그 순간이야말로 잠재 고객이 가망 고객으로 변하는 순간입니다. 잠재 고객에게 꾸준히 정보를 제공하면서 끊없이 소통을 시도했기 때문에 저를 떠올려준 것입니다.

정보 제공은 어떤 수단과 방법으로도 가능합니다. 예컨대 엽서, 편지, 전단지, 홈페이지, 이메일 매거진, 블로그, 트위터, 페이스북, 세미나 개최 등이 있습니다. 이런 다양한 수단을 동원해서 자신에게 맞는 방법을 찾아보세요.

정보를 계속 발신해야 가망 고객이 생긴다.

● 엽서, 편지, 전단지, 홈페이지, 뉴스레터, 블로그 등

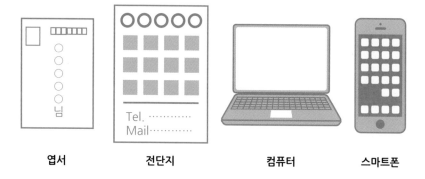

| 엽서 | 전단지 | 컴퓨터 | 스마트폰 |

● 발신한 정보에 반응해서 연락을 준 사람은 가망 고객이 된다.

"자동차 관련해서 상담을 받고 싶어요."

평상 시 소통이 잠재 고객을
가망 고객으로 바꾼다.

1-11 이메일을 보내되 팔지 않는다

근황이나 알짜 정보 보내기

일이 있을 때 떠올릴 수 있게 다가간다

잠재 고객과의 소통은 이메일이 최적입니다. 한 번에 많은 사람에게 보낼 수 있는 데다가 상대방도 답변하기 쉽고, 비용도 들지 않기 때문입니다. 개인 블로그나 홈페이지가 있다면 그 주소도 이메일에 적어둡시다.

그렇다면 이메일에 어떤 내용을 담으면 좋을까요? 당신은 자동차 영업맨이지만 상대방은 자동차에 관심이 없을지도 모릅니다. 관심도 없는 사람에게 자동차 정보를 보내봤자 호객 행위라고 느낄 뿐입니다.

이럴 때는 자동차에 관한 정보는 피하고, 열심히 일하고 있는 자신의 근황과 비즈니스에 도움이 될 만한 정보를 적습니다. 예를 들어 "얼마 전에 세무사와 이야기하면서 알아낸 유익한 정보를 소개드립니다."와 같은 내용이어도 상관없습니다.

이를테면 당신의 '뉴스레터'이자 '이메일 매거진'입니다. 상대방도 도움이 되는 정보를 받으면 기쁠 것입니다. 마지막에 자사의 최신 이벤트 정보를 소개하면 끝입니다. 정보를 계속 발신하면 당신이 친근한 존재로 바뀝니다. 그러면 새 자동차가 필요할 때 반드시 당신을 떠올릴 것입니다.

얼마 전에 세무사와 이야기하면서 알아낸 유익한 정보를 소개해드립니다~.

○월 ○일에 ○○○ 선생님의 강연회가 있습니다. 관심이 있으시면….

정보를 계속 발신하면 친근한 존재가 된다!

이메일로는 상품을 판매하지 않는다.

1-12 세일즈 프로세스를 기억한다

영업의 흐름 파악하기

어프로치로 심리적 거리를 좁힌다

세일즈 프로세스란 앞서 설명했듯이, '어포인트 → 어프로치 → 히어링 → 플래닝 → 프레젠테이션 → 클로징(계약 포함) → 소개받기'입니다. 이 같은 영업의 흐름은 제3장 이후부터 자세히 다룰 것이고, 여기서는 간단히 짚고 넘어가겠습니다.

첫째는 '어포인트'입니다. 잠재 고객이 반응을 보이면 우선 약속을 잡습니다. 이때 잠재 고객이 가망 고객이 됩니다. 그다음은 '어프로치'로 가망 고객과의 '심리적 거리'를 단숨에 좁힙니다. 실제로 세일즈 프로세스 중 어포인트에서 어프로치로 넘어가는 단계가 가장 난이도가 높고, 그 이상 진전되지 않는 경우도 많습니다.

어프로치로 심리적 거리를 좁혔다면 '히어링'에 들어갑니다. '질문력'의 여부가 추후에 큰 영향을 미칩니다. 여기서 진정한 니즈를 끌어내는 것이 중요합니다. 다음으로 히어링 정보를 바탕으로 '플래닝'을 하고, 고객의 요구에 따라 제안을 생각해서 '프레젠테이션'을 합니다. 그리고 고객이 납득하면 수월하게 '클로징'(계약)이 됩니다.

세일즈 프로세스의 흐름

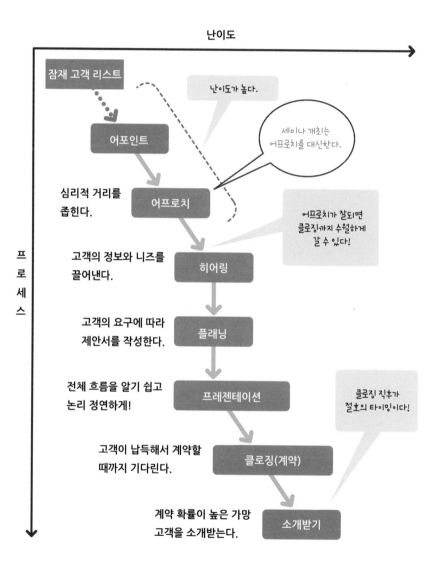

난이도

잠재 고객 리스트

난이도가 높다.

세미나 개최는 어프로치를 대신한다.

어포인트

심리적 거리를 좁힌다.

어프로치

어프로치가 잘되면 클로징까지 수월하게 갈 수 있다!

프로세스

고객의 정보와 니즈를 끌어낸다.

히어링

고객의 요구에 따라 제안서를 작성한다.

플래닝

전체 흐름을 알기 쉽고 논리 정연하게!

프레젠테이션

클로징 직후가 절호의 타이밍이다!

고객이 납득해서 계약할 때까지 기다린다.

클로징(계약)

계약 확률이 높은 가망 고객을 소개받는다.

소개받기

1-13 계약자를 키퍼슨으로 만든다

실적을 올리는 비결

고객 만족이 소개받기로 이어진다

클로징 단계에서 고객이 충분히 납득하지 못한다면 히어링이 부족했거나 잘못된 플래닝을 했기 때문입니다. 오늘날처럼 물건과 정보가 넘치는 시대에는 히어링과 플래닝에 특히 신경 써야 합니다.

자, 드디어 계약에 이르렀다고 합시다. 하지만 여기서 멈춰버리면 고객은 '고객 4분류'에서 제시한 '계약자' 단계에 그쳐버립니다. 고객을 더 많이 모으기 위해서는 계약자를 '키퍼슨'으로 만들어야 합니다. 이것이 '소개받기', 즉 새로운 가망 고객을 소개받는 단계입니다.

고객 만족도가 높을수록 소개받기로 이어지기가 쉽습니다. 고객 만족이 소개를 낳는 것이지요. 당연하게도 소개를 많이 받는 사람일수록 실적이 높습니다. 남들보다 몇 배나 더 성과를 올리는 영업맨은 이런 점이 능숙합니다. 그들은 고객 4분류의 최상위인 키퍼슨을 많이 가지고 있습니다.

고객 만족이 계약자를 키퍼슨으로 만든다.

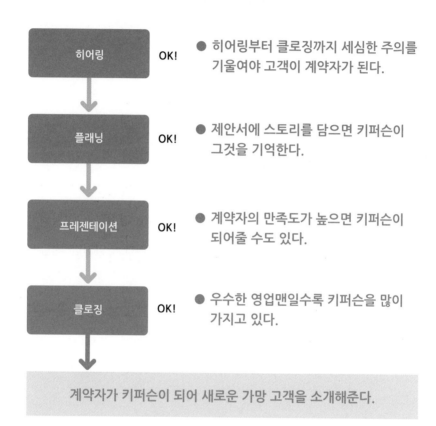

히어링	OK!	● 히어링부터 클로징까지 세심한 주의를 기울여야 고객이 계약자가 된다.
플래닝	OK!	● 제안서에 스토리를 담으면 키퍼슨이 그것을 기억한다.
프레젠테이션	OK!	● 계약자의 만족도가 높으면 키퍼슨이 되어줄 수도 있다.
클로징	OK!	● 우수한 영업맨일수록 키퍼슨을 많이 가지고 있다.

계약자가 키퍼슨이 되어 새로운 가망 고객을 소개해준다.

소개를 많이 받는 사람일수록 실적이 높다.

1-14 질문과 요구를 이끌어낸다

히어링과 플래닝이 중요한 이유

고객을 대신해서 해결책을 찾는다

왜 세일즈 프로세스를 밟는 것이 중요할까요? 그 이유는 요즘에는 어떤 상품이라도 니즈 자체가 줄어 같은 가망 고객이어도 잠재화, 다양화되고 있기 때문입니다. 옛날에는 상품이 적어서 니즈가 바로 있었지만, 지금은 그렇지 않습니다.

"(쓰던 것을 다 쓰면) 다음 것도 생각하고 있다.", "새로운 기능만 알고 싶다." 등 니즈의 내용이 세분화되고, 그 내용도 자세하게 파악하기 어렵습니다. 이를 표면화하려면 수단이 필요합니다. 그래서 히어링, 플래닝이 중요한 것입니다.

예를 들어 '식기 세척기가 있으면 좋겠다.'라고 생각하는 주부의 마음은 직접 드러나지 않습니다. 고객으로서는 기능이나 가격, 크기 등에 관한 다양한 의문과 요구가 있기 마련인데, 그런 것들은 세세하게 말로 꺼내기 힘듭니다. 그래서 그 주부의 입장에서 무엇이 가장 문제인지를 알아내서, 이를 해결해주는 기종을 골라서, 합리적인 가격으로 제시해야 팔릴 가능성이 높아집니다.

히어링과 플래닝의 중요성

● 요즘에는 니즈가 줄어 욕구가 잠재화, 다양화되고 있다.

● 니즈의 내용도 세분화되어 밖에서는 보이지 않는다.

● 그러므로 영업맨의 히어링과 플래닝이 중요하다.

'식기 세척기가 있으면 좋겠다.'

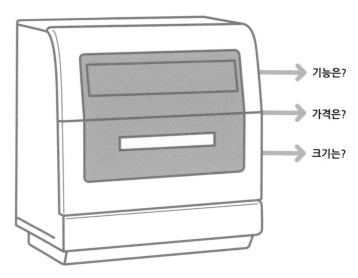

기능은?

가격은?

크기는?

문제를 해결해주는 만족도가 높은 기종을 골라서 합리적인 가격으로 제시한다.

1-15 집객과 세일즈 프로세스를 동시에 실천한다

고객에게 친근한 존재가 되는 법

참가자가 2명이라도 세미나를 계속한다

지금까지 설명했듯이, 영업 성과를 올리기 위해서는 마케팅(집객)과 세일즈 프로세스를 동시에 실천해야 합니다. 앞에서 설명한 운전면허 학원 영업에서 핵심이 된 것은 고등학교에서 개최한 설명회였습니다. 또 제가 생명보험 영업으로 전향하고 인맥이 끊겨 슬럼프가 왔을 때는 세무사 사무소와 함께 연 세미나가 돌파구가 되었습니다. 강사로서 참가자 고객과 접함으로써 가망 고객이 늘어난 것입니다.

가망 고객이 생기면 이제 개별적으로 만나서 판매합니다. 여기서 염두에 두어야 하는 것이 세일즈 프로세스입니다. 세미나 후라면 어프로치까지 끝난 상태이므로 곧바로 히어링으로 넘어가면 됩니다.

지금까지 저는 정기적으로 세미나를 열었습니다. 카페에서 룸을 빌려서 하는 강의에 참가자가 2명일 때도 있었습니다. 그래도 그만두지 않았습니다. 우선 가망 고객을 늘리는 것이 목표이므로 당장 팔지 못해도 괜찮습니다. 세미나를 통해서 정보를 제공하면서 고객에게 친숙한 존재가 되기만 하면 됩니다.

집객과 세일즈 프로세스를 동시에 실천한다.

● 설명회나 세미나를 활용한다.

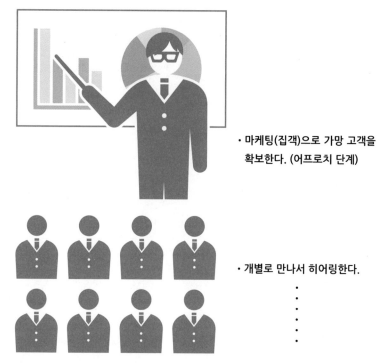

· 마케팅(집객)으로 가망 고객을
  확보한다. (어프로치 단계)

· 개별로 만나서 히어링한다.

● 세미나 영업으로 정보를 제공하여 친근한 존재가 되자!

당장 팔지 못해도 세미나는 계속한다.

통신 판매는
최강의 영업 방법이다

영업은 집객과 판매로 이루어져 있다고 앞에서 설명했습니다. 회사에 따라서는 홍보를 대대적으로 펼치고 영업맨이 판매만 담당하는 경우도 있지만, 중소기업이라면 둘 다 해야 합니다. 그리고 집객과 판매를 비교하자면 집객이 더 중요합니다.

생각해보세요. 고객이 알아서 모이는 상황이라면 판매 역량의 차이는 그다지 문제되지 않겠지요. 애플사에서 신작 스마트폰이 나오면 긴 줄을 섭니다. 이런 경우에 판매 과정은 필요하지 않겠지요.

그런데 이 집객과 판매, 클로징까지 한 번에 실현한 사람이 있습니다. 지금은 은퇴한 JAPANET TAKATA의 전 사장 다카다 아키라 씨입니다. 그는 처음으로 텔레비전 홈쇼핑 판매를 했습니다. 수백만에 이르는 고객 앞에서 상품을 소개하고, 알기 쉽게 프레젠테이션했습니다.

그리고 "지금 빨리 전화 주세요." 하고 화면에 연락처를 제시했고, 여기서 나아가 시청자의 구매 의욕을 자극하는 말, "선착순 몇 대만 할인가를 적용해 판매합니다!"라고 마무리했습니다. 이때 반응을 보인 사람은 모두 고객 리스트에 넣어 다음 판매로 연결시켰습니다. 이는 짧은 시간에 집객과 판매를 집약한 사례입니다. 영업맨은 이런 아이디어와 실행력을 본받아야 합니다.

2장

잘 팔려면
기본을
먼저 익혀라

2-01 첫인상이 성공을 크게 좌우한다

사람은 겉모습이 90%다

옷차림과 인사에 충분히 신경 쓴다

한때 『사람은 분위기가 90%』라는 책이 베스트셀러에 오른 적이 있었습니다. 비언어 소통의 중요함에 대해서 다룬 책이었습니다. 90%라는 비율의 진위는 어떠하든 간에, 영업에서 겉모습은 꽤 중요합니다. 단정한 옷차림으로 반듯하게 인사를 하면 상대방에게 호감을 줄 수 있습니다. 이때는 자신의 취향이 아니라, 고객에게 좋은 인상을 남기는 것이 중요합니다.

예컨대 최근 유행하는 패션이라며, 일부러 넥타이를 느슨하게 매고 헐렁하게 입는 것은 좋지 않습니다. 젊은 사람들에게는 멋있게 보일지 몰라도 비즈니스에서는 좋은 인상을 남길 수 없습니다. 그런 옷차림으로 인사하면 아쉽게도 '이 영업맨은 별로다.'라고 인식되고 맙니다.

고객은 당신의 말을 진지하게 들어주지 않을 테고, 협상도 진전되지 않을 것입니다. 한 번 굳은 이미지는 바꾸기 어렵습니다. 반대로 첫인상이 좋으면 앞으로의 협상이 유리하게 전개될 것입니다. 첫인상으로 모든 것이 결정된다는 마음가짐으로 임하세요!

첫인상이 결정타가 된다.

첫인상이 좋은 사람

- 청결하다.
- 인사성이 밝다.
- 자세가 좋다.
- 상대방 이야기를 경청한다.
- 시간을 지킨다.
  ⋮

첫인상이 나쁜 사람

- 지저분하고 단정하지 않다.
- 뻔뻔하다.
- 말할 때 상대방과 눈을 마주치지 않는다.
- 인사를 대충한다.
- 시간을 지키지 않는다.
  ⋮

2-02 유능한 영업맨은 소지품이 남다르다

수첩이나 볼펜도 중요한 도구다

좋은 도구를 사용하면 의욕도 높아진다

고객은 옷차림뿐만 아니라 영업맨이 사용하는 물품에도 의외로 관심이 많습니다. 협상 등을 할 때, 싸구려 수첩이나 사은품으로 받은 듯한 볼펜을 사용하는 모습을 보면, '이 사람에게 맡겨도 괜찮을까?' 하고 구매하려는 상품과는 무관하게 의구심이 들기 시작합니다. 이로 인해 계약이 무산된다면 지금까지의 노력이 물거품이 되어버립니다.

일반적으로 성적이 좋은 영업맨은 세련된 수첩을 가지고 다니고, 양질의 볼펜을 사용합니다. 톱 영업맨의 토크나 화술을 빠르게 습득하기는 어렵습니다. 하지만 소지품이라면 누구나 쉽게 따라 할 수 있습니다.

싸구려 수첩, 볼펜을 사용하고 있다면 조금 더 비싼 것으로 바꿔봅시다. 여유가 있다면, 가방도 좋은 것을 매면 인상이 좋아집니다. 고급스러운 소지품은 인상뿐만 아니라 일에 대한 의욕도 높여줄 것입니다.

소지품이나 도구에도 신경 쓴다.

볼펜

- 신입 영업맨이 토크나 화법을 빠르게 습득하기는 어렵다.

가방

- 하지만 평소에 사용하는 도구나 물건은 좋은 것으로 바꿔볼 수 있다.

수첩

- 고가의 브랜드 상품을 지닐 필요는 없다.

시계

10:45

- 싸구려 수첩이나 볼펜을 조금 더 좋은 것으로 바꿔보자.

지갑

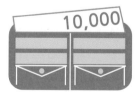

10,000

- 인상뿐만 아니라 일에 대한 의욕도 높일 수 있다.

2-03 명함은 두 손으로 공손히 건넨다

직장 예절의 첫걸음

상대방에게 깔끔한 인상을 남긴다

명함 교환은 직장 예절로 처음 받는 교육 중 하나입니다. 신입사원 연수 시절에 배운 사람도 많겠지만, 여기서 다시 한 번 점검해봅시다.

기본적으로 명함은 두 손으로 건네고, "○○ 회사의 △△△이라고 합니다."라고 자기소개를 합니다.

상황에 따라 다르겠지만, 명함을 받을 때는 기본적으로 명함 지갑을 손으로 받친 상태에서 두 손으로 받습니다. 너무나 당연한 일 같지만, 젊은 사람뿐만 아니라 베테랑 영업맨조차도 이를 제대로 못하는 사람이 있습니다. 그 모습을 보고, '이런 사람과는 업무적으로 엮이고 싶지 않다.'고 고객이 느낀다면 시작부터 순탄하지 않을 것입니다.

명함을 제대로 주고받을 줄 알면, '이 사람이라면 일을 잘해주겠다!'라는 분위기가 전해집니다. 비즈니스 관계의 시작은 고객과 명함을 교환하는 순간부터입니다. 두 손으로 공손히 건네서, 다른 영업맨과의 차이를 드러냅시다. 또한 명함은 명함 지갑에 넣어서 가지고 다녀야 합니다. 주머니나 지갑에서 꺼내는 것은 좋지 않습니다.

명함 교환의 기본 매너

● 명함은 당신이 먼저 자기 소개를 하고 두 손으로 공손히 건넨다.

명함은 두 손으로 받읍시다.

● 명함을 받을 때도 두 손으로 받는다.

● 서로 동시에 명함을 내민 경우에는 서로 오른손으로 건네고 왼손으로 받는다.

● 명함은 반드시 명함 지갑에 넣어 다니고, 바로 꺼낼 수 있도록 맨 위에 넣어둔다.

2-04 받은 명함은 테이블 위에 나열한다

이름과 직함은 절대 틀리지 말자

앞에 있는 사람의 직함과 이름을 기억하라

여러 사람과 명함을 교환할 때가 있습니다. 인사만으로 끝날 때도 있지만, 테이블에 앉자마자 미팅이 시작될 때도 있습니다.

이 경우에는 앉아 있는 순서대로 명함을 나열해도 실례가 되지 않습니다. 그 명함의 이름을 확인하면서 이야기하면 됩니다. 기억력이 아주 좋지 않고서야 처음 만난 사람들의 이름과 직함을 정확하게 외울 수는 없습니다. 그러니 교환한 명함을 바로 넣어버리면 곤란해질 수 있습니다.

'앞에 앉아 있는 사람이 상무였던가? 전무였던가?'

이렇게 되어버립니다. 이름을 잘못 부르는 것과 마찬가지로 직함을 잘못 부르는 것도 상당히 실례입니다. 상무와 전무 정도면 큰 차이가 없다며 안이하게 생각하면 안 됩니다. 이를 매우 중요하게 여기는 사람도 있기 때문입니다.

이름과 직함을 잘못 부르지 않도록 받은 명함은 테이블 위에 나열해둡시다.

받은 명함은 테이블 위에 나열한다.

● 받은 명함은 테이블 위에 올려둔다.

● 상대방이 여러 명인 경우에는 순서대로 나열한다.

● 상대방이 혼자라도 처음 만난 사람의 이름은 머리에 잘 들어오지
 않으므로, 명함 지갑에 바로 넣지 않는 것이 바람직하다.

● 이름은 물론 직함 등도 잘못 부르는 일이 없도록 수시로 명함을
 확인한다.

2-05 명함에 특징이나 취미를 메모한다

날짜, 장소, 특징, 취미 등

원활한 대화에 도움이 된다

우수한 영업맨은 본 지 오래된 고객과도 마치 최근에 만나서 이야기를 나눈 것처럼 대화할 수 있습니다. 기억력이 남다르다고 감탄한다면 섣부른 판단입니다. 그럴 수 있는 이유는 예전에 받은 명함에 적어둔, 만난 날짜와 그 사람의 특징, 취미, 대화 내용 등을 미리 확인하고 만났기 때문입니다.

사회인이 되면 많은 사람과 명함을 주고받을 기회가 있습니다. 받았을 때는 언제까지나 기억할 수 있을 것 같아도, 시간이 지나 명함을 교환한 사람이 100명이 되고 1,000명이 되면 기억이 잘 나지 않습니다.

나중에 명함을 봐도 어떤 사람이었는지 기억하지 못하는 일이 많습니다. 그렇게 되지 않기 위해서라도 명함을 받으면 날짜, 장소, 특징, 취미 등을 적어두세요. 다음에 만났을 때, 그 메모 덕분에 대화를 원활하게 할 수 있습니다. 또한 명함을 교환한 상대는 가망 고객의 후보가 됩니다. 명함은 파일로 관리하고, 고객 리스트로 만들기를 추천합니다.

받은 명함의 정리

● 명함이 떨어지지 않도록 명함 지갑에 늘 챙겨둔다.

● 손님이 찾아올 때나 타사를 방문할 때 명함이 충분한지 미리 확인한다.

● 명함 매수가 줄어들면 미리미리 주문한다.

● 상담 중에 상대방 명함에 메모하거나, 명함을 가지고 놀면 안 된다.

● 방문 후 돌아오면, 명함을 받은 날짜, 장소, 면담 내용, 상대방의 취미
나 특징 등을 명함에 메모해둔다.

● 다음에 만날 때는 미리 그 메모를 확인한다.

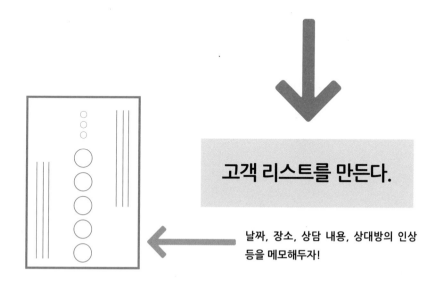

고객 리스트를 만든다.

날짜, 장소, 상담 내용, 상대방의 인상
등을 메모해두자!

2-06 바른 말을 사용해서 좋은 인상을 남긴다

사회인다운 어휘 사용

누구에게나 호감을 줄 수 있도록 바른 말을 사용한다

신인 영업맨 A는 새로운 담당자에게 "안녕하세요. ○○ 회사의 △△△ 이라고 합니다."라고 반듯하게 인사했습니다. 담당자는 A의 올바른 어휘 사용을 듣고 예의바른 젊은이라고 호감을 느꼈고, 그 후의 일도 순조롭게 진행되었습니다.

올바른 화법으로 말하는 버릇은 신입사원뿐만 아니라 사회인이라면 누구나 반드시 필요합니다.

A가 올바른 어휘를 사용하기 시작한 것은 과거에 거래처에서 말실수를 해서 혼난 일이 계기였습니다. A는 미팅이 끝나면 늘 "고생하셨습니다."라고 말했습니다. 그런데 어느 날 고객에게 '고생했다.'는 말은 아랫사람에게 사용하는 말이니, '잘 부탁합니다.' 또는 '수고하셨습니다.'라고 말하는 것이 좋다는 주의를 받았습니다.

깜짝 놀란 그는 그제야 경어를 다시 공부하기 시작했습니다. 올바른 어휘를 사용하면서부터는 실적도 좋아졌고 누구에게나 호감을 받고 있습니다.

올바른 경어를 사용한다.

기본	높임말	낮춤말
사람	○○○님, 귀하	나, 이쪽
집단	여러분	일동, 우리
회사	귀사	당사
가게	귀점	당점
은행	귀사 은행	당사 은행
신문 또는 잡지	귀사 신문, 귀사 잡지	당사 신문, 당사 잡지

2-07 자기 목소리를 녹음해서 듣는다

천천히 말하는 습관 들이기

생각보다 말이 빠르다

대부분의 영업맨은 중요한 고객과 말할 때, 최선을 다하려고 노력합니다. 그런데 긴장하면 협상이 막바지에 이를 때쯤 자기도 모르게 말이 빨라지곤 합니다. 혼자 흥분해서 고객이 따라오지 못하는 상황이 될 수 있는 것이지요.

협상뿐만 아니라 말이 빨라지면 상대방에게 의도가 전달되지 않아 일이 잘 풀리지 않습니다. 흥분했을수록 차분하게 천천히 말합시다.

말하는 속도는 스스로 깨닫기 어렵습니다. 녹음기로 녹음해서 객관적으로 들어보면 새로운 발견을 하면서 교정할 수 있습니다. 자신의 말이 얼마나 빠른지, 어떤 말버릇이 있는지 의외로 느끼는 점이 많을 것입니다.

우선은 자신이 하는 말을 녹음해서 들어보고 말하는 속도를 조절해보고, 불필요한 말버릇도 고쳐봅시다. 토크가 영업의 성과를 좌우하는 중요한 기술임은 군이 말할 필요가 없겠지요!

말하는 속도에도 주의한다.

협상이 막바지에 이르면 생각보다 빠른 속도로 말하게 된다.

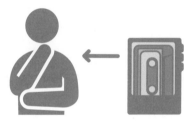

녹음해서 자신의 목소리를 들어보자.

중요한 이야기일수록 침착하게 천천히 말하자.

2-08 만나자마자 일 이야기를 꺼내지 않는다

잡담으로 분위기를 띄워라

날씨 이야기로 대화의 실마리를 푼다

루트 세일즈(정해진 고객 순서에 따라 돌아가면서 판매하는 방법)든 직접 판매든 아무런 잡담도 없이 갑자기 협상에 들어가면 이야기는 좋은 방향으로 흐르지 않습니다. 상대방이 아직 분위기에 적응하지 못했을 때는 협상에도 반응을 보이지 않습니다.

자동차에 비유하면 엔진이 어느 정도 데워지지 않으면 시동이 잘 켜지지 않는 것과 같습니다. 그런 상황이면 영업맨은 일방적으로 설명하고, 상대방의 속마음을 제대로 파악하지 못한 상태에서 협상이 진행되고 맙니다. 강연회 강사나 만담가들도 갑자기 주제로 들어가지 않고, 잡담으로 어느 정도 분위기를 띄운 다음에 들어갑니다. 고객과 만났을 때에는 반드시 잡담부터 시작합시다.

화제는 날씨 이야기처럼 사소해도 상관없습니다.

"날씨가 부쩍 추워졌네요.", "맞아요. 오늘은 자동차 창문에 서리가 껴서 고생했어요. 집을 새로 지으면 차고를 만들어야겠어요." 이런 식으로 분위기를 띄운 다음에 주제를 꺼내야 대화가 원활하게 이어집니다.

협상을 시작하기 전에 잡담으로 분위기를 띄운다.

● 만담가는 공연 전에 짧은 이야기로 흥을 북돋운 다음 주제에 들어간다.

● "오늘도 덥네요. 이 더위는 언제까지 계속될까요?"
"날씨가 부쩍 추워졌네요. 새벽에는 서리가 내렸어요."
날씨 이야기 등 사소한 잡담부터 시작한다.

● 잡담이 계기가 되어 협상 내용으로 이어지는 경우도 있다.
잡담 소재는 평소에 준비해두자!

상대방이 아직 분위기에 적응하지 못했을 때는 협상에 반응을 보이지 않는다.

2-09 고객이 말하기 쉬운 주제를 던진다

잡담을 어려워하는 고객 대응법

상대방의 관심 주제를 찾는다

고객 중에는 의미 없는 잡담을 싫어하는 사람도 있습니다. 그런 경우에도 영업맨이 대화를 이끌어갈 필요가 있습니다. 우선은 고객이 말하기 쉬운 주제를 던져서 편안한 분위기를 만들어봅시다.

만약 고객에게 자녀가 있다면 우선 자녀에 대해서 물어볼 수 있습니다. 전혀 말수가 없는 고객도 "자녀분은 몇 살인가요?"라고 질문하는 순간, 자녀 이야기로 분위기가 달아오르는 경우도 드물지 않습니다.

예를 들면 고객이 "우리 아이는 3살이에요. 벌써 수영을 배우고 있어요."라고 대답했다고 합시다. 이때 "그렇군요."라고 끝내서는 안 됩니다. "일주일에 몇 번 가나요?", "지금 어떤 수영을 배우고 있어요?"라고 한층 더 구체적으로 캐물어봅니다.

이렇게 대화를 이어나가면 상대방의 긴장이 풀려 수월하게 일 이야기를 할 수 있습니다. 이때는 상대방이 말하기 쉬운 주제를 던져서 영업맨이 리드하는 것이 중요합니다.

잡담을 싫어하는 고객 대처법

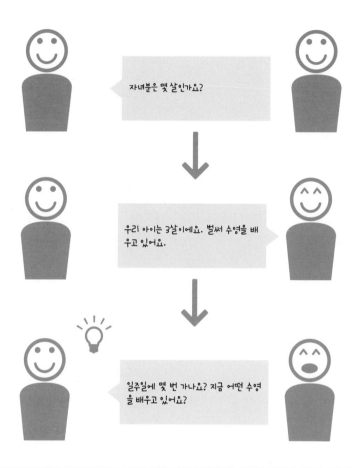

자녀분은 몇 살인가요?

우리 아이는 3살이에요. 벌써 수영을 배우고 있어요.

일주일에 몇 번 가나요? 지금 어떤 수영을 배우고 있어요?

● 상대방이 말하기 쉬운 주제를 찾아서 질문을 던진다.
대답이 돌아오면 더 자세하게 물어본다.

2-10 억지로 웃기려고 하지 않는다

자연스러운 대화법

평소처럼 무리 없이 한다

협상 전에는 웃긴 이야기를 하는 것이 효과적이라고 생각하는 사람이 있습니다. 그러나 웃기면 다행이지만 자칫하면 분위기가 썰렁해질 수도 있습니다.

한 영업맨이 중요한 프레젠테이션을 시작하기 전에 분위기를 띄워보겠다고 우스갯소리를 했습니다. 그런데 전혀 웃기지 않아 오히려 분위기가 얼어붙고 말았습니다. 이 역효과로 프레젠테이션은 실패로 끝났습니다.

남을 웃기는 일은 아무나 하기 어렵습니다. 못하는 것을 억지로 하기보다는 자신이 할 수 있는 일을 합시다. 쉽지 않은 일을 무리해서 하면 헛발질을 할 뿐입니다. 정치나 종교 등의 이야기는 피하고 누구나 일상적으로 느끼는 이야기를 꺼내봅시다. 억지로 웃기려 하지 말고 사소한 잡담부터 나눠보세요.

억지로 웃기지 않는다.

- 분위기를 파악하지 않고 웃기려 들면 역효과가 난다.
- 분위기가 얼어붙어 프레젠테이션에 실패한다.

- 정치나 종교 이야기는 피한다.
- 자신이 평소에 느끼고 생각하는 일 등을 자연스럽게 이야기하자.

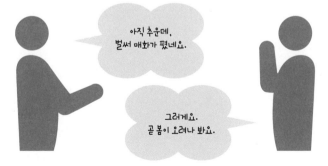

2-11 모르는 이야기 속에 기회가 있다

상대방의 말을 경청하자

맞장구와 질문을 반복한다

고객과 잡담할 때 그 주제가 자신이 잘 아는 분야라면 대화에 활기가 돌겠지요. 그런데 전혀 모르는 주제라면 어떨까요? 상대방만 말하고 맞장구만 치게 됩니다.

하지만 이래도 괜찮습니다. 고객은 자신의 이야기를 들어주기를 원합니다. 반대로 말을 듣지 않고 일방적으로 자기 말만 하는 사람과는 어울리고 싶어 하지 않습니다. 이런 경우에는 영업맨이 잡담의 소재를 준비할 필요가 없습니다.

잡담을 나누다가 자신이 모르는 분야 이야기가 나오면 난감해하는 사람이 있습니다. 그런데 그때야말로 상대방의 관심 분야를 알아낼 기회입니다. 더 자세하게 알려 달라고 하면 상대방은 기쁘게 이야기해줄 것입니다. 그리고 그 분야를 조사해두었다가 다음에 만났을 때 화제를 던져서 상대방이 기분 좋게 말할 수 있도록 배려하면 협상이 잘 진행될 것입니다.

잘 모르는 이야기가 나올 때 대처 방법

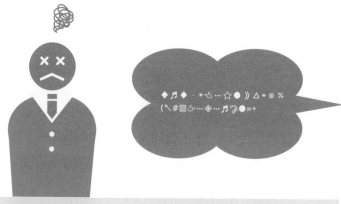

● 자신이 잘 모르는 화제가 나오면

● 상대방의 이야기를 경청하고 맞장구와 질문을 반복한다. 다음에 만날 때까지 이 주제를 조사해두었다가 상대방이 기분 좋게 말할 수 있도록 한다.

2-12 잡담에서 주제로 돌아온다

수다쟁이 고객 대처법

'그러고 보니', '그런데' 하고 상대방 말에 끼어든다

잡담을 좋아하는 고객은 영업맨 입장에서는 편한 존재입니다. 가만히 있어도 고객이 알아서 말을 해주니까요. 하지만 수다가 길어지면 이야기가 삼천포로 빠져버리는 수가 있지요.

고객의 이야기를 듣는 일은 중요합니다. 그러나 그런 잡담을 계속 들어봤자 주제는 전혀 진행되지 않습니다. 그는 수다에 빠져 영업맨이 뭐 하러 왔는지 잊고 있습니다.

그럴 때는 어느 시점에서 주제로 돌아갈 수 있도록 이끌어주세요.

"그런데 고객님은 어떤 것을 희망하고 계시나요?"라고 질문을 해봅시다. 수다를 좋아하는 고객과 잡담만 해서는 결과가 나오지 않습니다. 중간에 말을 끊고 주제로 돌아가야 합니다. 이야기를 집중해서 듣되, 대화 속에 숨은 기회를 놓치지 마세요.

수다를 좋아하는 고객이 화제에서 벗어날 경우

● 수다가 멈추지 않아 이야기가 다른 방향으로 흘러가면

● "그런데 고객님은 어떤 것을 희망한다고 하셨죠?"
 같은 질문을 해서 주제로 돌아가자.

명함 사용법 배우기는
영업의 첫 단계다

저는 대학에서 '영업의 기술'을 학생들에게 가르치고 있습니다. 이 책에서 다루는 세일즈 프로세스가 주요 내용입니다. 그중에서 가장 호응이 좋은 내용은 명함 교환 방법입니다.

왜냐하면 학생들은 아직까지 명함을 교환해본 적이 없기 때문입니다. 이것을 미리 배워두면 뭐가 좋을까요? 학생들 말이 아르바이트를 하거나 축제 행사에서 기업과 대응할 때 도움이 된다고 합니다. "아직 학생인데 기특하네요."라고 담당자에게 칭찬을 받아서 좋다고 합니다.

명함 교환이 무슨 대수냐고 생각해서는 안 됩니다. 받은 명함 한 장에서 영업이 시작됩니다. 명함 교환은 영업의 첫 단계입니다.

우수한 영업맨 중에는 명함에 'O월 O일'이라고 미리 인쇄해놓는 사람이 있습니다. 이는 명함을 교환할 때 날짜를 적어서 만난 날을 기억할 수 있도록 한 것입니다. 상대방에게 인상을 남기려는 자기만의 아이디어이지요.

저는 예전에 어느 경영자를 수시로 찾아가, 부재 시에는 명함에 날짜를 적어서 책상 시트 아래에 부채꼴 모양으로 나열해놓은 적이 있었습니다. 그러던 어느 날 그가 "자주 오시네요."라고 말해주어서 협상을 진행할 수 있었습니다. 명함 한 장이라고 해도 효과는 있습니다!

3장

마케팅의
계기를 만드는
어포인트와
어프로치

3-01 마케팅에서는 가망 고객이 가장 중요하다

이야기를 들어주는 사람

'대화하기 편한 사람'을 리스트로 만든다

영업 활동에서 가장 중요한 일은 '당신의 이야기를 들어주는 사람이 얼마나 있느냐'입니다. 어떤 상품을 취급하든, 가망 고객이 없으면 말이 되지 않습니다.

앞에서 설명한 고객 4분류를 떠올려보세요. 당신이 만난 사람은 모두 잠재 고객입니다. 그 중에서 반응을 보인 사람이 가망 고객이 됩니다. 즉 가망 고객은 이야기를 들어주는 사람입니다.

그렇다면 가망 고객을 어떻게 알아볼 수 있을까요?

우선은 어렵게 생각하지 말고 '대화하기 편한 사람'을 가망 고객의 후보로서 리스트에 넣어봅시다. 딱 한 번 만난 사람, 친하지 않은 동창, 알기만 하는 의사나 경영자도 이 리스트에 넣을 수 있습니다.

그들에게 엽서나 뉴스레터, 이메일 매거진 등을 정기적으로 보내서 정보를 제공해봅시다. 거기에 반응을 보이면 진정한 가망 고객이 됩니다. 그런 활동 없이는 가망 고객이 늘지 않습니다. 상대방이 나서서 가망 고객이 되어주는 일은 없습니다. 언제나 영업맨의 활동으로 늘려나가야 합니다.

가망 고객을 늘리기 위한 행동

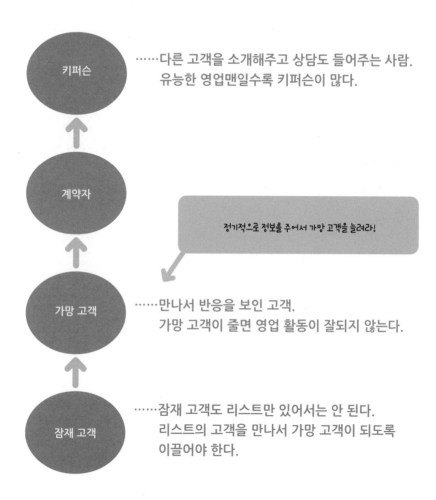

키퍼슨

……다른 고객을 소개해주고 상담도 들어주는 사람.
유능한 영업맨일수록 키퍼슨이 많다.

계약자

정기적으로 정보를 주어서 가망 고객을 늘려라!

가망 고객

……만나서 반응을 보인 고객.
가망 고객이 줄면 영업 활동이 잘되지 않는다.

잠재 고객

……잠재 고객도 리스트만 있어서는 안 된다.
리스트의 고객을 만나서 가망 고객이 되도록
이끌어야 한다.

※ 정보를 주는 방법……엽서, 뉴스레터, 이메일 매거진, 웹 사이트, 세미나 개최 등 온갖 수단을
동원한다.

3-02 가망 고객을 리스트로 만든다

리스트로 만들면 보이는 것

상대방을 궁금해한다

명함 교환 등으로 모은 리스트를 어떻게 관리하느냐에 따라 영업 실적이 크게 좌우됩니다.

먼저 리스트를 관리하기 위해서는 '고객 리스트'를 사용할 것을 권합니다. 고객 리스트에는 먼저 ① 키퍼슨, ② 계약자, ③ 가망 고객 등을 입력합니다.

명단에는 알고 있는 사람, 면담하고 싶은 사람, 만난 사람 등이 있습니다. 기존 계약자도 시간이 지나면 새로운 니즈가 나올 수 있고, 그 니즈를 충족시킴으로써 키퍼슨이 될 가능성도 있습니다. 딱 한 번 만난 사람도 가망 고객 후보에 넣을 수 있습니다. 이 리스트가 영업맨에게는 가장 중요한 무기입니다.

명단을 입력하다 보면 머릿속이 정리되어 사람마다 어떤 이야기를 하면 좋을지 아이디어가 떠오르기도 합니다. 리스트를 보다가 궁금해서 전화를 했다가 협상으로 이어진 사례도 있습니다. 고객 리스트가 있고 없고는 나중에 엄청난 차이로 나타납니다.

가망 고객을 리스트로 만든다.

● 명함 교환 등으로 모은 데이터를 리스트로 만든다.

● 리스트로 만들면 머릿속이 정리된다.

키퍼슨	계약자	가망 고객	잠재 고객
○○○○	○○○○	○○○○	○○○○
○○○○	○○○○	○○○○	○○○○
○○○○	○○○○	○○○○	○○○○
○○○○	○○○○	○○○○	○○○○
○○○○	○○○○	○○○○	
○○○○	○○○○	○○○○	

선택해서 가망 고객에 넣는다.

3-03 명함은 날짜순으로 나열한다

교환 날짜로 명함을 정리하는 법

이름을 잊어버려도 괜찮다

받은 명함을 아무렇게나 파일에 넣어서는 안 됩니다. 반드시 리스트로 만들어서 잠재 고객을 가망 고객으로, 나아가 계약자, 키퍼슨으로 바꿔나 가야 합니다.

딱 한 번 만난 사람들의 명함을 파일로 정리할 때, '업종 및 회사별', '가나다순' 등으로 보관하면 나중에 사용할 때 불편합니다. 왜냐하면 시간이 지나면 회사명이나 업종이 바뀔 수 있고, 가나다순은 이름을 잊어버리면 끝이기 때문입니다.

그래서 명함 관리는 '변하지 않는 것'을 키워드로 정리하길 권합니다. 그중에 명함을 교환한 날짜도 괜찮습니다. 명함을 받으면 명함에 날짜를 적어서 그 순서대로 '월별'로 보관합니다. 날짜순이라면 순서대로 넣기만 하면 됩니다. 이른바 명함 교환 날짜순 정리법입니다.

이는 가나다순으로 해서 한 파일만 많아지는 불균형이 일어나지도 않습니다. 꺼낼 때는 대충 언제쯤 만났는지 기억하면 찾을 수 있습니다.

명함은 날짜순으로 보관한다.

● 시간이 지나면 이름이 기억나지 않는다.

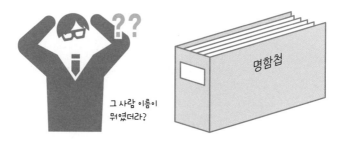

그 사람 이름이
뭐였더라?

명함첩

● 명함에 날짜를 적어서 월별로 보관한다!

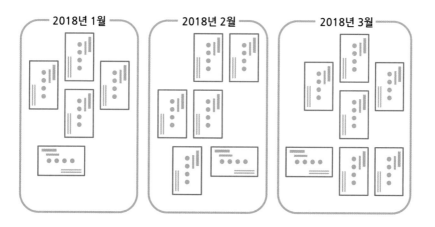

3-04 만날 때마다
대화 내용을 메모한다

고객 리스트의 갱신

이메일을 주고받을 때 배려한다

영업하는 시간까지 할애해서 명함을 관리하면 시간 낭비입니다. 하지만 명함 교환 날짜순으로 관리하면 정리하기 쉽습니다. 빨리 끝나니까요. 게다가 달마다 만난 사람의 수(활동량)를 명함 파일 등의 두께로 알 수 있는 장점도 있습니다.

사람은 한 번 만난 사람의 이름을 모두 외우기 어렵습니다. 하지만 만난 기간은 어렴풋이나마 기억하므로 그 특성을 살린 명함 관리법입니다. 또 고객 리스트에 팔로업란을 만들어서 만날 때마다 주고받은 내용을 기입하는 것도 중요합니다.

명함에 이메일 주소가 있으면 고객 리스트에 추가합니다. 정기적으로 정보를 보냄으로써 접점을 만들 수 있으니까요. 이메일 주소가 없는 경우에는 우편을 보낼 때, "정보에 변함이 있으면 이메일을 보내주실 수 있나요?"처럼 답신을 이메일로 받는 것도 포인트입니다.

고객 리스트 관리

● 고객 리스트의 근거가 되는 고객 데이터

고객마다 데이터를 갱신 및 관리하여 전체 리스트를 만든다.

하나다 다카시	EFP주식회사 대표이사
주소	전화번호
이메일 주소	휴대폰 번호
홈페이지 주소	생년월일
0000년 00월 00일 000씨 소개로 명함 교환(N사에서)	
년 월 일	
년 월 일	
년 월 일	
년 월 일	
년 월 일	

(인터넷으로 관리할 수 있는 프로그램도 있다.)

만날 때마다 주고받은 내용을 기록한다.

3-05 오래된 명함도 남겨둔다

인연의 역사

옛일은 대화에 활기가 불어넣는다

다양한 정보가 들어 있는 고객 리스트를 보고 있으면 신기하게도 그 고객에게 연락하고 싶습니다. 영업 활동을 하다 보면 약속이 펑크 나거나 예기치 않게 시간이 빌 때가 있습니다. 그럴 때 리스트를 찬찬히 훑어보세요. 궁금한 고객의 근황도 물어볼 겸 연락하면 효과가 있습니다.

명함을 이미 받은 사람에게 또 받은 경우에는 교체하지 말고 새로 날짜를 적어서 보관합니다. 저번에는 '대리'였는데 '과장'으로 승진했거나, 저번에는 '경영부'였는데 이번에는 '기획부'로 부서를 옮긴 경우도 있습니다.

명함이란 사실 쉴 새 없이 바뀝니다. 그러나 예전 것을 버리면 고객의 역사가 보이지 않습니다. 버리지 말고 잘 관리하면 오랜만에 만나도 '과거의 명함' 시절 이야기로 대화에 활기를 북돋울 수 있습니다. 이런 디테일이 좋은 결과를 만듭니다.

고객과의 역사를 만들어간다.

"요즘 별일 없으세요?"

고객 리스트

● 고객 리스트를 보고 있으면 연락하고 싶은 마음이 든다.

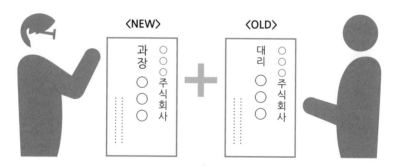

〈NEW〉

과장 ○○○○ 주식회사

〈OLD〉

대리 ○○○○ 주식회사

● 예전 명함도 버리지 말고 간직해두면 옛이야기를 할 수 있다.

대화가 활기를 띠며 좋은 결과로
이어질 수 있다.

3-06 고객에게 친근한 존재가 된다

영업맨 긴급 호출

정기적으로 접촉해서 친해진다

영업이라고 하면 구매를 부탁하는 이미지가 강하지만, 반드시 그렇지는 않습니다. 오히려 고객에게 부탁을 받는 경우도 많습니다. 그러려면 장치가 필요합니다. 만약 고객이 언젠가는 그 상품이나 서비스가 필요할 것 같다면, 부탁받을 수 있도록 미리 준비해두어야 합니다.

이를 위해서는 방문, 편지, 이메일, SNS 등으로 고객과 정기적으로 소통할 필요가 있습니다. 지금까지 '만난 사람'이 아니면 아무런 의뢰도 들어오지 않습니다. 그리고 제공한 정보에 고객이 반응해서 연락했을 때 비로소 그 고객은 명백한 가망 고객이 됩니다.

저는 고객에게 연락이 오는 것을 '영업맨 긴급 호출'이라고 부릅니다. 간호사 긴급 호출처럼 영업맨에게 볼 일이 있으니까 호출을 하는 것이니까요. 이 호출이 많을수록 성과가 올라갑니다. 호출을 받기 위해서는 정기적으로 접촉해서 고객에게 친근한 존재가 되어야 합니다. 고객과 친분을 쌓아야 어포인트와 어프로치도 수월해집니다.

영업맨 긴급 호출을 하게 한다.

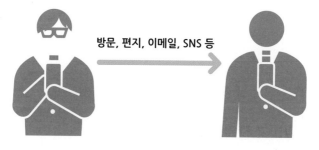

방문, 편지, 이메일, SNS 등

● '언젠가' 필요로 하는 상품 또는 서비스가 있다면,
그럴 때 부탁받을 수 있도록 미리 준비해둔다.

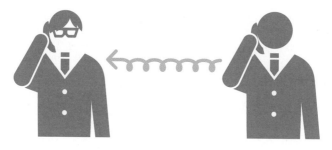

● 고객으로부터 호출을 많이 받을수록 성과가 오른다.

구매를 부탁하는 것만이 영업이 아니다.

3-07 세미나를 개최해서 정보를 발신한다

가망 고객을 모으는 방법

자신도 알리고 신용도 얻는다

고객 리스트가 어느 정도 채워졌으면 이제 그 고객들을 위해서 세미나를 개최하는 것도 하나의 방법입니다. 저는 예전에 친한 세무사 사무소의 소장에게 세미나 강사를 부탁받은 적이 있습니다. 물론 메인 강사는 세무사였고, 저는 서비스 차원에서 30분 정도 '보험 활용'에 대해서 이야기한 것이 전부였습니다.

그런데 그 후에 한 참가자에게 자세하게 알려달라는 연락을 받아 그 사람의 집에 찾아갔습니다. 그는 의사 부인이었는데, 결국 계약했고 지인도 소개해주었습니다.

저는 세미나를 개최하면 한 번에 많은 가망 고객을 모을 수 있다는 사실을 깨달았습니다. 세미나는 집객뿐만 아니라 어포인트와 어프로치를 동시에 할 수 있는 장입니다. 강사로서 이야기(정보 제공)를 하기 때문에 자신을 알리고 신용도 얻을 수 있습니다. 그 후는 개별 상담을 받기만 하면 됩니다. 비록 계약으로 이어지지 않더라도 세미나에 참가한 사람들은 모두 가망 고객이 될 수 있습니다.

세미나를 열어서 가망 고객을 한 번에 늘린다.

● 세미나 강사를 함으로써 집 객, 어포인트, 어프로치까지 동시에 할 수 있다.

● 세미나를 통해 정보를 발신하 여 자신을 인식시킨다. 신용 을 얻으면 개별 상담으로 이 어진다.

고객 리스트가 늘면 세미나를 개최하는 방법도 있다.

3-08 의뢰한 고객이 찾아오게 한다

어포인트의 4가지 패턴

상담받고 싶은 사람이 된다

어포인트란 가망 고객과 전화 등으로 연락하는 일을 말하며, 상황은 다음 4가지 패턴으로 나눌 수 있습니다. 통상적으로 가장 많은 것이 ①의 패턴이고, 개별적으로 만나는 경우에 가장 효율적인 것은 ④의 패턴입니다.

① 면담을 의뢰하고 가망 고객을 찾아간다.

② 면담을 의뢰하고 가망 고객으로 하여금 찾아오게 한다.

③ 면담 의뢰를 받고 가망 고객을 찾아간다.

④ 면담 의뢰를 받고 가망 고객으로 하여금 찾아오게 한다.

④는 예컨대 "9월 8일에 시간이 되시나요? 한 번 제 사무실에서 이야기 나눌 수 있을까요? 사무실에는 보험에 관한 정보나 서류도 구비되어 있어서 어떤 상담에도 바로 대응할 수 있습니다."와 같습니다. 세미나 개최 등을 통해서 당신의 가치가 올라가면 ④의 패턴이 많아집니다.

고객을 찾아오게 하는 것이 가장 효과적이다.

어포인트의 4가지 패턴	
1	면담을 의뢰하고 가망 고객을 찾아간다.
2	면담을 의뢰하고 가망 고객으로 하여금 찾아오게 한다.
3	면담 의뢰를 받고 가망 고객을 찾아간다.
4	면담 의뢰를 받고 가망 고객으로 하여금 찾아오게 한다.

4가 가장 유리한 어포인트를 잡는 방법이다.

왜냐하면 시간을 절약할 수 있고, 준비해서 기다리기만 하면 되기 때문이다.

→ 컨설팅 영업의 패턴이다. 처음에는 대부분이 1부터 시작하지만,

경력이 쌓이면 4를 늘릴 수 있다. 그렇게 되기 위해서는 가망 고객과의 접촉을 늘려서 최대한 고객에게 친근한 존재가 되어야 한다.

3-09 만나면 경계심부터 푼다

어포인트 기술 ①

정보를 제공하겠노라고 맹세한다

어포인트를 잘 잡기 위한 포인트가 있습니다. 먼저 고객의 '경계심을 푸는 것'입니다. 잠재 고객은 영업맨에 대해 상품을 구매당할 것이라는 경계심을 가지고 있습니다. 그러므로 고객의 불안을 키울 만한 발언은 하지 말아야 합니다.

"좋은 상품이 나왔으니 한 번 이야기를 들어보세요."라는 식으로 말하면 아무래도 판매하려는 인상이 강해집니다. 상대방은 즉각 어떻게 거절할지 생각하겠지요.

고객을 만나는 것은 어디까지나 '정보를 제공하기 위해서'입니다. 예를 들어 주택 영업이라면, "요즘 지진이 많죠. 주거 지진 대책에 도움이 되는 정보를 얻었는데 15분만 시간 내주시겠어요?"와 같은 대화가 좋습니다.

물론 그렇게 말해도 촉이 좋은 잠재 고객은 세일즈라고 느낄지도 모릅니다. 그러므로 영업맨으로서는 순수한 목적으로 정보를 제공하겠노라고 굳게 맹세해야 합니다. 그 결심이 흔들리면 표정에 드러나서 상대방이 눈치를 채고 거리가 멀어질 수 있으니까요.

어포인트는 정보 제공이 1순위

"신제품이 나왔으니 이야기를
들어보세요."

"도움이 되는 정보를 얻었는데 15분만
시간 내주시겠어요?"

● 고객에게 정보를 제공하는 데
최선을 다하겠다고 맹세한다.

'경계심을 푸는 것'이 어포인트를
잘 잡기 위한 포인트다.

3-10 면담 소요 시간을 확실하게 전한다

어포인트 기술 ②

날짜와 시간을 제안해서 고객이 선택할 수 있도록 한다

전화 등으로 약속을 잡을 때, "좋은 정보가 있는데 15분만 시간 내주시면 안 될까요?"라고 면담에 소요되는 시간을 확실하게 전하는 것도 중요합니다.

시간이 얼마나 걸리는지 알 수 없으면 고객은 당신을 만나려 하지 않을 것입니다. 그러므로 '15분'이라는 시간을 확실하게 전해야 합니다.

사실 이 15분이라는 시간 설정도 하나의 비법입니다. 왜냐하면 대체로 일정은 보통 사람이라면 1시간 단위, 바쁜 사람이라도 30분 단위로 세우겠지요. 그러니 15분이라는 시간을 얻으면 사실상 적어도 30분의 시간을 확보한 셈입니다.

또 면담 날짜를 정할 때 고객에게 편한 날을 물어보는 사람이 많은데, 이는 효율적이지 않습니다. 왜냐하면 급한 약속이 아니면 고객은 다른 약속을 우선하기 때문입니다. 그보다는 "○월 7일 오후 3시와 ○월 9일 오전 11시 중 언제 시간 되세요?"라는 양자 택일법이 결정하기 쉽고 주도권도 잡을 수 있습니다.

면담 약속은 주도권을 가지고 잡는다.

"15분만 시간 내주시면 안 될까요?"

● 면담에 소요되는 시간을 확실하게 전한다.
● 실제로는 30분이 확보된 셈이다.

"○월 7일 오후 3시와 ○월 9일 오전 11시 중 언제 시간 되세요?"

● 면담 날짜와 시간을 정할 때는 양자택일로 고를 수 있도록 한다.

15분이라는 시간 설정은 사실상 30분을
확보한 것이나 마찬가지다.

3-11 거절에 대응하는 화법을 준비한다

어포인트 기술 ③

상품 판매가 아닙니다

영업맨이라면 어포인트 단계에서 바로 거절을 당한 경험이 있으리라 생각합니다. 하지만 고객의 거절 방법에는 비슷한 패턴이 있습니다. 예를 들어 다음과 같지요.

"지금은 살 여건이 안 돼요."

"생명보험이라면 이미 가입되어 있어요."

이런 말에 대응할 말을 준비해둡시다.

이런 경우에는 "당장 구입해달라는 말이 아닙니다. 유익한 정보를 전해드리고 싶을 뿐입니다.", "상품 판매가 아닙니다. 고객님께 도움이 되는 정보가 있습니다."와 같이 어디까지나 정보를 제공하는 것뿐이라고 강조하고, 거절을 이미 받은 상태에서 자신의 이야기가 얼마나 가치가 있는지 어떤 혜택이 있는지를 설명하는 것이 포인트입니다.

거듭 말하지만, 평소에 이메일이나 엽서, 편지, 팩스 등으로 정기적으로 정보를 제공해왔으면 만날 확률은 그만큼 높아집니다.

대응할 말을 준비해둔다.

지금은 살 여건이 안 돼요. 필요하지도 않아요.

생명보험이라면 이미 가입되어 있어요.

상품 판매가 아닙니다.

고객님께 도움이 되는 정보가 있습니다.

● 이메일이나 엽서, 팩스 등으로 평소에 정기적으로 정보를
제공해야 한다.

자신의 이야기가 얼마나 가치가 있는지
어떤 혜택이 있는지를 설명한다.

3-12 반론하지 말고 접점을 만든다

어포인트 기술 ④

yes-but 화법으로 상대방의 부정을 피한다

주택 영업으로 말하자면, "평생 임대로 살겠다."고 말하는 고객도 많을 것입니다. 보험 영업에서는 "보험은 무조건 싫다."와 같이 말할지도 모릅니다. 이런 경우에는 아무리 반론해도 소용이 없습니다. 이럴 때는 밀지 말고 당겨야 합니다.

우선 "사실은 저도 그랬어요."라고 맞장구를 칩니다. 이렇게 말하면 상대방과 접점이 생깁니다. 일단 접점을 만들고 나서 다음과 같이 말을 이어 봅니다. "그런데 공부하면서 생각이 바뀌었어요."

이렇게 말을 이어나가야 합니다. 이런 방법을 예스-벗(yes-but) 화법이라고 부릅니다. 상대방의 입장을 부정하지 않고, 일단 고객의 말에 공감한 후에 자신이 얻은 혜택을 내비칩니다. 그렇게 하면 이야기만이라도 들어보겠다고 하는 고객이 나타날 것입니다.

반론하지 말고 상대방과의 접점을 찾는다.

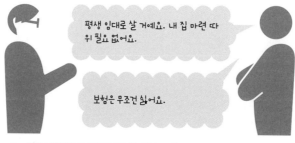

● 설득하려고 반론하지 않는다.

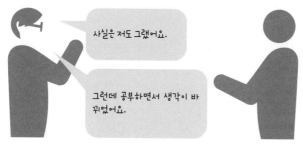

● 상대방을 부정하지 않고 당겨본다. 예스-벗 화법!

이야기만이라도 들어보고
싶어지도록 만든다.

3-13 솔직하게 말해야 신뢰를 얻는다

어포인트 기술⑤

친근한 사람이란 신뢰하는 사람이다

영업 신입사원이 '빌린 말'로 고객에게 이야기하면 얄팍한 사람이라는 인상을 줄 수 있습니다. 남의 말보다는 실제로 경험한 자신의 이야기가 효과적입니다. 빌린 말은 누구나 할 수 있습니다. 하지만 당신이 체험한 것은 당신밖에 말하지 못하므로 매우 현실적으로 느껴집니다.

그렇다고 해도 처음 영업하는 사람이 갑자기 체험담을 늘어놓으면 생뚱맞게 들릴 수 있습니다. 그러면 어떻게 해야 할까요? 만약 어포인트를 처음 잡는 상황이라면 차라리 "사실은 제가 전화드린 것은 고객님이 처음입니다."라고 솔직하게 말하는 것이 호감을 얻을 수 있습니다.

솔직함은 신뢰로 이어집니다. 고객에게 친근한 존재가 되라고 말했지만, 친근하다는 것은 신뢰받는 것이나 마찬가지입니다.

또한 기존 계약자에게는 상담 목적을 확실하게 전합시다. 이럴 때는 "신제품을 소개해드려도 될까요?"라고 말해도 좋습니다. 이미 계약한 사람일지라도 정보는 꾸준히 제공해야 합니다. 아무런 연락을 취하지 않으면 관계가 끊길 수 있으니까요.

어프로치 기술의 요약

❶ 경계심을 푼다.

"유익한 정보를 얻었는데 한 번 들어보시겠어요?"

❷ 면담 시간을 확실하게 전한다.

"15분만 시간 내주실 수 없을까요?"

❸ 날짜와 시간을 제시한다.(양자 택일법)

"○월 7일 오후 3시와 ○월 9일 오전 11시 중 언제 시간 되세요?"

❹ 거절에 대응할 말을 준비해둔다.

"당장 구입해달라는 말이 아닙니다.
유익한 정보를 전해드리고 싶을 뿐입니다."

❺ 상대방과 접점을 만든다.

(보험은 싫어요.) "사실은 저도 그랬어요." / 예스-벗 화법

❻ 자신의 말로 솔직하게 말한다.

"사실은 제가 전화드린 것은 고객님이 처음이에요."

❼ 기존 계약자에게는 목적을 명확하게 전한다.

"신제품을 소개해드려도 될까요?"

3-14 어프로치로 가망 고객의 마음을 연다

어프로치 포인트 ①

어프로치가 가장 중요하다

영업맨에게 가장 중요한 건 면담입니다. 히어링, 플래닝, 프레젠테이션, 클로징으로 이어지는 면담에서 가장 처음에 하는 것이 어프로치입니다. 세일즈 프로세스 중에서도 가장 난이도가 높은 부분이 어포인트에서 어프로치로 넘어가는 단계입니다.

그런데 어프로치에 대해 감이 잘 오지 않는 사람도 많을 것입니다. 이는 어프로치 단계를 중요하게 생각하지 않거나 곧잘 생략하기 때문입니다. 그러나 이를 건너뛰면 실패하는 경우가 많으므로 주의해야 합니다.

어프로치란 '상대방에게 한 발 더 다가가는 것'이라고 정의할 수 있습니다. 포인트는 '가망 고객의 마음을 여는 것', '이야기를 더 듣고 싶게끔 만드는 것'입니다. 이를 달성해야 비로소 다음 단계인 히어링으로 넘어갈 수 있습니다. 그러므로 이 작업을 생략해서는 안 됩니다. 이 단계를 제대로 의식해서 그 후의 협상이 원활하게 이루어지도록 이끌어야 합니다.

어프로치란 상대방에게 한 발 더 다가가는 것이다.

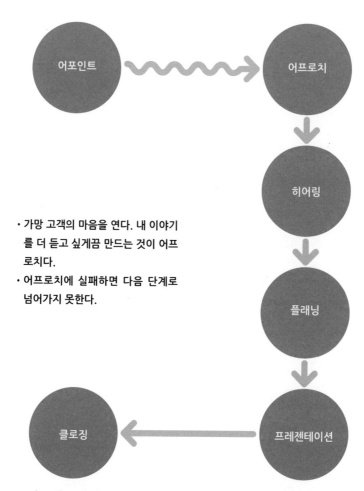

- 가망 고객의 마음을 연다. 내 이야기를 더 듣고 싶게끔 만드는 것이 어프로치다.
- 어프로치에 실패하면 다음 단계로 넘어가지 못한다.

● 어포인트에서 어프로치로 가는 단계가 가장 난이도가 높다.

3-15 먼저 자사 소개부터 시작한다

어프로치 포인트 ②

고객은 당신의 회사를 모른다

구체적인 어프로치 포인트를 살펴봅시다.

고객을 만나자마자 상품 설명부터 시작하면 대부분 실패합니다. 이미 어포인트를 잡을 때 자사 이름을 전했으니까 고객이 자신의 회사에 대해서 알고 있을 거라는 생각은 오산입니다. 아주 유명한 기업이면 몰라도, 대부분의 회사는 상대방이 모른다고 가정하고 자사에 대한 설명을 해야 합니다.

이름이 알려져 있다 하더라도, 고객은 회사의 설립 과정, 취급 상품 등 상세한 것은 알지 못합니다. 경쟁사의 상품과 혼동하는 경우도 꽤 있습니다. 내 경우에는 소니 생명보험 시절에 텔레비전을 팔러 왔느냐는 소리를 많이 들었습니다.

"○○사를 아시나요?"부터 시작해서 "요즘에는 이런 사업도 하고 있습니다."와 같이 말을 이어가보세요. 새로운 회사라면 "○○년에 설립해서 이런 사업을 중심으로 하고 있습니다."와 같은 정도여도 상관없습니다. 처음에 자사에 대해서 설명해놓지 않으면 신뢰를 얻을 수 없습니다.

먼저 자사 설명부터 시작한다.

다짜고짜 상품 설명부터 시작한다.

● 상대방은 자사에 대해서 모른다는 전제 아래

"저희 회사는 ○○년에 창립
되었고…….''

"지금은 이런 사업을 하면서……."

● 회사 소개를 제대로 해두지 않으면 신뢰를 얻지 못한다.

고객이 자신의 회사에 대해서
알고 있을 거라는 생각은 오산이다.

3-16 질문으로 고객의 마음을 연다

어프로치 포인트 ③

납득에 가까운 느낌을 불러일으킨다

영업맨은 경험이 쌓이면서 상품에 대한 지식이 풍부해지고, 세일즈 토크도 유창해집니다. 하지만 경험이 어설픈 사람은 상대방이 들을 자세가 되기도 전에 그 '특기'를 선보이려고 합니다. 어프로치 단계에서 이는 바람직하지 않습니다.

생명보험으로 말하자면, 저는 "보험에 대해서 어떻게 생각하십니까?"라는 토크로 어프로치에 들어갔습니다. 고객은 대개 관심이 없다고 대답합니다. 그래서 저는 그 말에 동조한 후에 "그렇지만 보험을 들고 계시죠? 그 내용에 대해서 알고 계시나요?"라고 질문합니다. 그러면 고객은 목소리가 작아집니다. 그 뒤에 이렇게 말을 잇습니다.

"매달 보험료를 30만 원씩 내면 연간 360만 원, 30년이면 1억 원이 넘습니다. 그야말로 비싼 쇼핑이죠. 잘 모르는 계약은 위험하지 않을까요?"

상대방은 납득을 하면서 조금씩 이야기에 빠져들어 갑니다. 조금이라도 납득에 가까운 느낌을 불러일으키는 데 성공하면 고객과의 거리감이 확 줄어들 것입니다.

상대방에게 말을 시키면 거리감이 줄어든다.

● 처음부터 세일즈 토크를 유창하게 하면 고객은 도망간다.

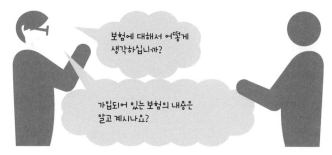

● 간단한 질문을 유도해서 상대방이 말할 수 있도록 한다.

납득에 가까운 느낌을 줄 만한
질문을 한다.

3-17 상품 정보가 아니라 주변 정보를 전한다

어프로치 포인트 ④

고객의 입장에서 화젯거리를 모은다

어프로치에서 효과적인 방법은 상품의 주변 정보를 전하는 것입니다. 이때 상품 정보와 주변 정보는 다르다는 점에 유의하세요. 자동차를 예로 들면, '연비가 좋다.'라거나 '내비게이션 탑재' 등 자동차에 구비된 기능이나 특징이 상품 정보입니다.

이에 비해 주변 정보는 '하루에 1시간 자동차로 출퇴근하면 기름값은 얼마이고, 연비는 매달 얼마씩 차이가 난다.'는 등의 내용입니다. 이른바 상품과 관련된 재미있는 이야깃거리, 잡학 지식이라고 보면 됩니다.

주택 영업이라면 다음과 같습니다. "요즘 주택 대출 금리가 얼마인지 아시나요? 최근에는 계약금도 국가나 지자체가 보조해주는 곳이 많아서 대출금 이자가 월세보다 싼 경우도 많아요."

즉 그 업계 관계자만이 아는 고급 정보입니다. 고객이 원하는 것은 이런 주변 정보입니다. 그러므로 영업맨은 늘 주변 정보를 모아두고 있어야 합니다. 이런 토크의 반응으로 고객의 생생한 목소리를 얻어야 니즈를 알 수 있고, 그다음 히어링으로 연결될 수 있습니다.

상품에 관한 것보다 주변 정보를 전한다.

· 하루에 1시간 자동차로 출퇴근하면 기름값은 얼마이고, 연비는 매달 얼마씩 차이가 난다.

· 주택 대출은 이 정도이고, 계약금도 국가나 지자체가 보조해주는 곳이 있어서 대출금 이자가 월세보다 싼 경우도 있다.

● 고객이 원하는 주변 정보를 모아두면 고객의 진정한 니즈도 알아낼 수 있다.

그 업계 관계자만 아는
고급 정보를 활용한다.

3-18 반응이 좋지 않으면 실사례를 든다

어프로치 포인트 ⑤

○○○ 씨도 똑같이 말씀하셨어요

어프로치 초반 또는 중간에 상대방의 반응이 시원치 않을 때는 '실사례를 드는 대화법'이 효과적입니다. 주택이든 자동차든 "우리는 들을 필요가 없어요."라는 태도를 취하는 사람도 있을 것입니다.

그런 경우에는 과거에 비슷하게 반응한 사람의 이야기를 꺼내는 것이 좋습니다. 더군다나 그 사람이 유명인이거나 상대방이 아는 사람이라면 더더욱 효과적입니다.

"고객님을 소개해주신 ○○○ 씨도 처음에는 똑같이 말씀하셨어요."라고 말하면 상대방의 관심을 끌 수 있습니다.

그러고 나서 앞에서 설명한 대로 주변 정보를 가르쳐주면 당신의 이야기를 들어줄 것입니다. 예컨대 "당장 구입하지 않으셔도 됩니다."라고 해두고, "미리 알아두면 구입할 때 반드시 도움이 될 겁니다.", "언젠가 사거나 교체할 생각이 있으시면, 알아두어서 손해볼 건 없습니다.", "정보를 얻는 데 돈은 들지 않아요."라는 입담으로 어프로치합시다.

고객의 지인이나 유명인의 실사례가 효과적이다.

고객님을 소개해주신 ○○○ 씨도
처음에는 똑같이 말씀하셨어요!

당장 구입하지 않으셔도 됩니다.

미리 알아두면 구입할 때
꼭 도움이 될 거예요.

● 상대방의 경계심을 풀어서 이야기를 들어주도록 유도한다.

반응이 시원치 않을 때는
실사례를 드는 대화법이 효과적이다.

3-19 '있으니까 필요 없다.'는 희망적이다

어프로치 포인트 ⑥

구매 동기를 알아낸다

고객의 구매 동기를 알아내는 일도 어프로치 단계의 작업 중 하나입니다. 거절 문구의 대표적인 것이 '이미 가지고 있다.'입니다. 이 대답은 언뜻 당연한 것처럼 보입니다. 하지만 지금 가진 상품이 꼭 고객의 니즈를 충족시키고 있다고는 할 수 없습니다.

예를 들어 고객의 자동차가 세단이라고 합시다. 그 차의 구매 동기는 '싱글일 때는 경자동차를 몰았지만, 결혼을 하면서 가족용 세단으로 바꿨다.' 등을 생각해볼 수 있습니다. 그런데 만약 고객에게 현재 두 자녀가 있다면 어떨까요? 현재 세단으로는 좁아서 불편할 것입니다.

예전에는 쾌적성이나 디자인을 구매 동기로 삼았던 사람이 수입이 줄었다면, 기능이나 가격·연비 등을 고려해서 추천 상품을 골라줄 수 있습니다. 고객이 이미 상품을 가지고 있는 경우에는 구매 동기를 알아냄으로써 현재 니즈를 밝힐 수 있습니다.

"이미 가지고 있다."고 할 경우

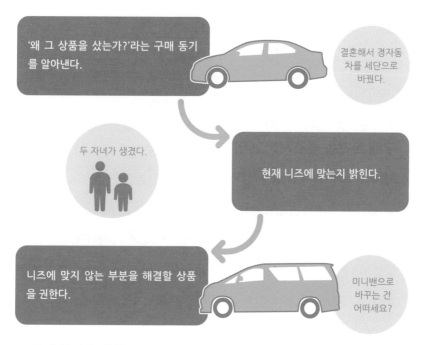

'왜 그 상품을 샀는가?'라는 구매 동기를 알아낸다.

결혼해서 경자동차를 세단으로 바꿨다.

두 자녀가 생겼다.

현재 니즈에 맞는지 밝힌다.

니즈에 맞지 않는 부분을 해결할 상품을 권한다.

미니밴으로 바꾸는 건 어떠세요?

● 구매 동기를 밝힘으로써 현재 니즈가 분명해진다.

지금의 상품이 꼭 고객의 니즈를 충족하고 있다고는 할 수 없다.

3-20 상품의 기능을 분리해서 판단한다

어프로치 포인트 ⑦

구매 목적을 충족시키고 있는지 확인한다

고객이 현재 가지고 있는 상품에 만족하고 있는지를 밝히기 위해서는 상품 전체를 설명하는 것이 아니라 각 기능마다 분리해보는 방법도 있습니다. 이로써 고객이 무엇을 중요하게 여기는지 알 수 있습니다.

보험에도 만일의 경우를 대비한 사망 보험, 입원이나 수술에 대비한 의료보험, 저축성 보험 등 다양한 상품이 있습니다. 자동차도 세금이 저렴한 경자동차가 있는가 하면 장거리용, 가족용, 스포츠카와 같이 그 쓰임새에 따라 기종이 다양합니다.

예를 들어 보험에서 "젊을 때는 잘 모르고 가입했는데, 지금은 저축성 높은 것이 좋다."고 하면 그에 맞는 상품으로 갈아탈 가능성이 있습니다.

상품을 분리해서 각 기능의 장단점이나 적합·부적합에 대해서 물어보면 고객이 무엇에 만족하고 무엇에 부족함을 느끼는지 알 수 있습니다. '지금 가지고 있는 것'이 처음 구매 동기를 모두 충족시켰는지, 시대도 변하고 니즈도 다양해지므로 지금은 부족한 면이 없는지를 고객에게 깨우쳐 주면 교체할 동기가 싹틀 것입니다.

상품의 기능을 분리한다.

만일을 대비한 사망 보험	세금이 저렴한 경자동차
입원 또는 수술에 대비한 의료보험	연비가 좋은 친환경 자동차
저축성을 중시한 양로 보험	가족용 미니밴

- 상품을 기능이나 목적별로 분류하고, 각각의 적합과 부적합을 물어보면 고객의 니즈가 보이기 시작한다.
- 처음의 구매 동기가 충족되고 있는지를 고객이 깨우치게 한다.

고객이 현재의 상품에 만족하고 있는지를 밝혀낸다.

3-21 무리라면 어프로치 단계에서 단념한다

어프로치 포인트 ⑧

계약자와 양호한 관계를 유지하는 것이 목적이다

어프로치 단계에서는 '무리라고 생각되면 일찍이 단념한다.'는 생각이 중요합니다. 의외일지 모르지만, 이것이 효율을 높이는 비결입니다. 시간을 들였는데 실패하면 아무 소용이 없습니다. 포기할 거라면 면담 첫 단계에 해야 합니다.

어프로치는 '상대방에게 한 발 더 다가가 신뢰를 쌓는 것'입니다. 만약 이 노력이 앞으로의 관계에 좋지 않게 작용할 것 같으면 과감하게 포기합시다. 이는 노력 부족이 아니라 그 방향을 바꾸는 것입니다.

'버티다 보면 계약을 따낼 수 있을지도 모른다.'라고 생각하는 것은 최종 목적을 '계약을 맺는 것'에 두는 것입니다. 저는 계약한 고객에게도 정보를 계속해서 제공하고 있습니다. 그렇기 때문에 계약자와 양호한 관계가 유지되어, 훗날 그가 키퍼슨이 되어 지인을 소개해주기도 합니다.

버텨서 억지로 계약을 따면 좋은 관계가 유지될 수 있을까요? 도리어 골칫거리를 안거나 시간을 낭비해 스트레스가 되는 경우가 많습니다. 버틸 시간이 있으면 그 시간을 자신을 필요로 해주는 사람에게 투자합시다.

계약만이 목적이 아니다.

버텨서 계약을 따도 양호한 관계는 쌓을 수 없다.

● 무리라고 생각되면 일찍이 단념한다.

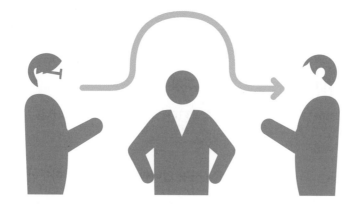

● 자신을 필요로 해주는 사람에게 시간을 투자한다.

포기하려면 면담 첫 단계에 한다.

3-22 포기하면 더 좋다는 전형적인 신호

어프로치 포인트 ⑨

가망 고객에서 잠재 고객으로 되돌려놓는다

단념할 때는 '계약 후에도 만남을 이어갈 것인가?'를 기준으로 판단합니다. 그중 '더 이상의 진전은 바랄 수 없다.'고 느끼게 하는 구체적인 신호가 있습니다.

보험 영업이라면 '친척 보험설계사가 이미 이야기하러 왔다.'고 하는 사람은 포기하는 것이 좋다고 생각합니다. 이는 협상이 정체된다는 신호입니다.

그밖에는 '뭐든지 아는 척하는 사람'입니다. 이런 사람은 아무리 유익한 정보를 제공해도 긍정적인 대답을 들을 수 없습니다. 일찍 포기하는 것이 상책입니다. 다만 상대방의 사정은 언제든 바뀔 수 있으니, 포기하되 뉴스레터나 이메일을 이용한 정보 제공은 계속합니다.

즉 '가망 고객'에서 '잠재 고객'으로 다시 되돌려놓으면 됩니다. 언젠가 새로운 가망 고객으로서 어프로치할 수 있을지 모르니까요.

어프로치 포인트의 요약

❶ 우선은 자사 소개부터 시작한다.

"○○사를 아시나요??"
"○년에 설립해서 이런 사업을 주로 하고 있습니다."

❷ 질문을 던져서 상대방의 마음을 연다.

"생명보험에 대해서 어떻게 생각하십니까?"

❸ 상품 정보가 아니라 주변 정보를 전한다.

"요즘 주택 대출 금리가 얼마인지 아시나요?"

❹ 반응이 좋지 않은 사람에게는 '실사례 대화법'으로

"고객님을 소개해준 ○○○ 씨도 처음에는 똑같이 말씀하셨어요."
유익한 정보를 전해드리고 싶을 뿐입니다."

❺ 구매 동기를 찾는다.

❻ 상품 기능을 분리한다.

❼ 무리라면 일찍이 단념한다.

열심히 하는데 실패하는 이유는 어프로치 반복에 있다

"저는 매일 열심히 영업하고 있습니다. 많은 고객과 어포인트를 취하고 많은 사람과 이야기하고 있습니다." 이렇게 말하는 영업맨이 있습니다. 그런데 실적은 오르지 않습니다. B2B 영업에서 흔한 사례입니다. 왜일까요?

이 사람은 어포인트를 잡고 어프로치에서 "요즘 날씨가 좋네요."와 같은 잡담도 했으나 협상은 진전되지 않아 "또 오겠습니다."라고 말하고 돌아갔습니다. 그리고 며칠 뒤에 다시 찾아가니 상대방에게 "담당 부서가 좀처럼 정해지지 않아서요."라는 말을 들었고, 그 뒤로는 골프 이야기가 나와, 결국 다음 주에 동반 라운딩을 하기로 했습니다. 하지만 그 뒤로도 진전은 없었습니다.

여기서 세일즈 프로세스를 떠올려봅시다. 이 영업맨은 어포인트와 어프로치 사이를 왔다 갔다 하고 있을 뿐입니다. 그가 말하는 '열심히'는 그 반복 작업에 지나지 않습니다.

세일즈 프로세스에서는 자신이 현재 어느 단계에 있고, 무엇이 적절한 행동인지를 판단하는 일이 중요합니다. 좀처럼 히어링으로 넘어가지 못한다면 시간과 노력 낭비일 뿐입니다.

어떠한 수단을 강구해서라도 다음 단계로 나아가야 합니다. 즉 세일즈 프로세스의 단계를 머릿속에 넣지 않고 그저 돌아다니는 것이 문제입니다.

4장

고객의 요구를
만족시키는
히어링과 플래닝

4-01 민감한 사항도 듣는다

히어링 비결 ①

고객과 하나가 되어 더 나은 제안을 한다

어프로치가 끝나고, 상대방과 의사소통이 되면 히어링이 시작됩니다. 히어링이란 '팩트 파인딩(fact finding)'이라고도 부릅니다. 바로 고객의 현재 상황이나 요구를 밝히는 작업입니다. 이 단계에서 제대로 니즈를 듣지 못해 결함이 생기면 좋은 플래닝을 할 수 없습니다. 결과적으로 클로징도 잘되지 않습니다. 클로징 단계에서 실패하는 사람은 히어링에서 실수가 많았기 때문이라고 할 수 있습니다.

히어링에서는 고객의 막연한 요구뿐만 아니라 수입, 예산, 가족의 의향 등도 들어봅니다. '고객과 하나가 되어 더 나은 제안을 하겠다.'는 마음으로 임해보세요. 아무리 우수한 영업맨도 고객의 협력 없이는 좋은 제안을 할 수 없습니다. 그러므로 고객에게 양해를 구해서 솔직한 이야기를 들어야 합니다.

"고객님의 요구에 맞는 제안을 하기 위해서 몇 가지 질문을 드리고 있습니다. 다소 물어보기 거북한 내용도 있는데 괜찮으실까요?"라고 말하고 시작합니다.

정확한 니즈를 이끌어내기 위한 히어링

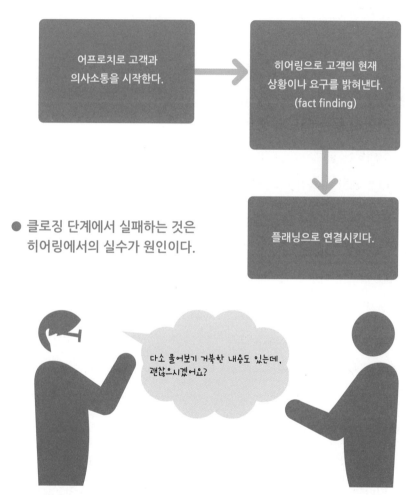

어프로치로 고객과 의사소통을 시작한다.

히어링으로 고객의 현재 상황이나 요구를 밝혀낸다. (fact finding)

플래닝으로 연결시킨다.

● 클로징 단계에서 실패하는 것은 히어링에서의 실수가 원인이다.

다소 물어보기 거북한 내용도 있는데, 괜찮으시겠어요?

● "고객님의 요구에 맞는 제안을 하기 위해서 몇 가지 질문을 드리고 있습니다."

4-02 '상관없다.'는 말은 기회다

히어링 비결 ②

가만히 듣는 태도가 중요하다

히어링은 고객의 구체적인 요구까지 듣는 것이 중요합니다. 하지만 그렇다고 해서 사사건건 취조하듯이 질문하면 안 되겠지요. 처음에는 상대방의 이야기를 가만히 듣기만 하는 자세가 중요합니다. 또 상품에 대해서 어느 정도의 지식을 가지고 있는지, 어떻게 생각하고 있는지를 알아야 합니다. 잘 모른다는 사람에게는 "다들 그렇게 말씀하세요."라고 이야기하고 안심시켜줍시다.

그저 가만히 듣고 있으면, 그러다 이런 것까지 말해도 되나 싶은 것까지 말해줄 때가 있습니다. "우리 아이 진학에 대해서 말해도 될까요?", "직접적인 상관은 없는데요."라고 예고를 하고 집안 사정이나 직장 등에 대해서 말하는 경우입니다.

사실은 이런 문구가 나오면 순조롭다는 신호입니다. 당신에게 마음을 열었다는 증거이기 때문입니다. 그럴 때는 경청하고, 때로는 '어프로치' 편에서 해설한 '주변 정보'를 잘 활용해서 신뢰도를 한층 더 높여보세요.

마음을 여는 히어링

● 꼬치꼬치 캐묻는 것보다 상대방의 이야기를 경청한다.

● 집안 사정 등을 이야기한다면 마음을 열었다는 증거다.

상대방의 이야기를 가만히 듣는
자세가 중요하다.

4-03 만족도를 점검해서 니즈를 밝힌다

히어링 비결 ③

고객과 함께 현재 상황을 파악한다

고객의 이야기를 충분히 들었다면, 다음은 영업맨이 물어볼 차례입니다.

여기서 키워드는 '현재'입니다. 자동차라면 "현재 어떤 자동차를 몰고 계세요?", "언제 자동차를 사용하세요?"와 같습니다. 보험 영업도 마찬가지지만, 고객이 이미 타사에서 계약한 상황이라면 보험 증권을 보여 달라고 하는 것이 가장 확실하고, 이야기를 수월하게 진행시킬 수 있습니다.

고객의 니즈는 '현재 무언가가 부족하다.'고 막연한 불만을 느끼는 곳에 존재합니다. 그러므로 '현재'를 강조함으로써 그 불만을 현실과 대조하여 깨우쳐 주고, '현재 불만이 있으면, 앞으로 어떻게 하고 싶은지'를 질문하여 밝혀냅니다. 이 방법은 영업맨이 고객의 현재 상황을 올바르게 파악하는 데 도움이 되고, 또한 고객에게도 현재 상황을 정리해보는 좋은 기회가 됩니다. 이를 통해 '현재'의 니즈가 명백해집니다.

현재 상황을 고객과 함께 파악한다.

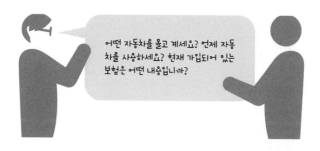

어떤 자동차를 몰고 계세요? 언제 자동차를 사용하세요? 현재 가입되어 있는 보험은 어떤 내용입니까?

● 고객으로 하여금 막연한 불만을 깨닫게 한다.

↓

● 고객의 현재 상황을 파악한다.

● 고객도 말하면서 현재 상황을 정리할 수 있다.

↓

● '현재'의 니즈가 명백해진다.

고객의 니즈는 막연한 불만을 느끼는 곳에 존재한다.

4-04 질문으로 진정한 니즈를 끌어낸다

히어링 비결 ④

막연한 불만을 구체적인 형태로 보여준다

고객의 현재 상황을 어느 정도 파악했다면, 개선할 수 있는 구체적인 질문을 해서 그 니즈를 한층 더 현재화합시다.

고객이 "현재 이런 주택에 살고 있습니다."라고 한 말만 가지고는 니즈를 밝혀냈다고 할 수 없습니다. 게다가 불만을 의식한다고 해도 실제 말로 잘 옮기지 못할 수 있습니다.

그래서 영업맨이 유도해서 니즈를 밝힐 필요가 있습니다. 여기에는 구체적인 질문이 필요합니다. 주택으로 말하자면, "자녀분이 중학생이면 대입도 얼마 남지 않았네요. 나중을 생각하면 개인 방이 필요하지 않을까요?"와 같은 질문입니다. 이런 질문을 던지면, '역시 아이 방이 필요하겠구나.' 하고 생각합니다.

즉 장래에는 아이들의 공부방이 필요하다는 점을 깨우쳐줌으로써, '현재 살고 있는 집이 좁다.'는 막연한 불만을 '넓은 집을 가지고 싶다.'라는 확실한 니즈로 바꿀 수 있습니다.

질문을 던져서 고객의 니즈를 밝힌다.

자녀분이 중학생이면 혼자만의 공부방이 필요하지 않을까요?

그러네요. 아이들 공부방이 필요하겠네요.

● '집이 좁다.'는 막연한 불만이 '넓은 집을 가지고 싶다.'는 확실한 니즈로 이어진다.

현재 상황을 개선할 만한 구체적인 질문을 한다.

4-05 예산에 맞는 내용을 확실하게 전한다

히어링 비결 ⑤

불가능한 것은 불가능하다고 말한다

히어링에서는 예산, 즉 지불 능력도 잊지 말고 물어봐야 합니다. 판매자 입장에서는 채산을 무시하고 저가를 제시하는 것은 불가능합니다.

보험으로 말하자면 고객이 '매달 예산은 30만 원인데, 사망 보험이 3억 원, 입원 보험이 하루 10만 원, 배우자 입원 보험이 하루 5만 원, 게다가 자녀 진학을 위한 저축도 하고 싶다.'라고 말해도 그런 설계는 할 수 없습니다. 이 경우에는 확실하게 '그 가격으로는 요구를 모두 들어줄 수 없습니다.'라고 말할 줄 알아야 합니다. 어떻게든 될 것이라는 기색을 보이면 트러블이 생길 수 있습니다. 불가능한 것은 불가능하다고 확실하게 말합시다.

또 '통틀어서 얼마인지' 물어볼 수 있는데, 금액만 알리고 끝내서는 안 됩니다. 그것도 트러블의 원인입니다. 이 경우에는 예산 범위 내에서 우선순위를 매겨 봅니다. "매달 30만 원이면, 남편 분의 사망 보험과 입원 보험, 그리고 아내 분의 입원 보험까지는 붙일 수 있습니다. 단, 저축성 상품을 원하시면 40만 원은 필요합니다."라고 확실하게 제시해야 합니다. 이렇게 요구를 하나씩 밝혀서 제안해야 계약으로 이어질 수 있습니다.

히어링의 비결 요약

❶ '고객과 하나가 되어 더 나은 제안을 한다.'는 마음으로 임한다.

❷ 고객이 "상관없는 이야기지만"이라고 말하면 기회다.

"이런 것까지 말해도 될지 모르겠는데."

"우리 아이 진학 이야기를 해도 될까요?"

❸ '현재'를 강조해서 상황을 파악한다.

"현재 어떤 자동차를 몰고 계세요?"

"현재 어떨 때 자동차를 사용하세요?"

❹ 질문을 던져서 진정한 니즈를 끌어낸다.

"나중에는 자녀의 공부방이 필요하지 않을까요?"

❺ 예산에 맞는 조건을 묻는다.

"매달 30만 원이라면 ○○와 △△를 붙일 수 있습니다. 단, □□까지 가능하려면 40만 원은 있어야 합니다."

4-06 플래닝에는 스토리가 필요하다

플래닝 노하우 ①

시나리오에 따라 자료를 준비한다

히어링 다음에는 플래닝에 들어갑니다. 플래닝은 고객의 요구에 들어맞는 상품을 설계해서 제시하는 작업입니다. 자동차라면 차종, 색깔, 인테리어, 옵션 기능을 달면 얼마가 되는지, 할부로 사면 매달 얼마를 납부해야 하는지 등을 설계해야 합니다.

플래닝에서는 프레젠테이션을 대비하여 제안서나 확인서 같은 자료도 준비해야 합니다. 즉 플래닝에서 만든 자료는 프레젠테이션의 효과를 높이기 위한 중요한 도구가 됩니다.

하지만 이 자료를 잘 못 만드는 영업맨이 많습니다. 저는 컨설턴트로 전향해서 롤플레잉 형식의 연수를 실시하고 있습니다. 거기서는 히어링 후에 자료를 만들어서 프레젠테이션을 시킵니다.

이때 수험생이 만든 자료는 늘 설득력이 부족합니다. 그래서 저는 이렇게 조언합니다. "우선 프레젠테이션의 스토리를 생각하라. 그리고 그 스토리를 잘 전개하기 위한 도구로서 자료를 만들어보아라." 즉 먼저 시나리오를 짠 다음에 그에 맞는 자세한 자료를 준비하는 방식입니다.

먼저 프레젠테이션 스토리를 짠다.

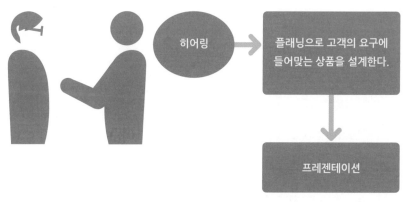

- 프레젠테이션의 효과를 높일 수 있는 자료를 만드는 것이 플래닝이다.

- 자료를 만들기 전에 먼저 프레젠테이션의 스토리를 짠다.

- 스토리(=시나리오)를 잘 전개하기 위한 도구로서 자료를 준비한다.

> 플래닝에서 만드는 자료는 프레젠테이션의
> 효과를 높이는 중요한 도구가 된다.

4-07 제안 자료에 고객의 '요구'를 드러낸다

플래닝 노하우 ②

그림과 표를 많이 사용해서 시각적으로 보여준다

프레젠테이션의 스토리를 짰다면, 그 흐름에 따라 자료를 만들어 나갑니다. 자료를 만들 때는 시각적이고 알기 쉬워야 한다는 사실을 기억하세요. 아무리 신중하게 만들었다고 해도 글씨가 작고 내용이 눈에 들어오지 않으면 읽어주지 않습니다.

만든 사람은 전문 용어에 익숙하고 내용도 이해되지만, 상대방은 그렇지 않을 수 있습니다. 그래서 자료를 알기 쉽게 만드는 요령이 필요합니다. 자세하게는 뒤에서 설명하겠지만, 하나만 예를 들면 그림과 표를 많이 사용해서 '그림책'처럼 만드는 것입니다.

내용이 어려워지는 까닭은 자료에 대한 영업맨과 고객의 의식 차이 때문입니다. 프레젠테이션에서 제안하는 자료란 히어링에서 얻은 '고객의 요구'를 구체적으로 나타낸 것이지, 영업맨이나 회사 입장에서 만드는 것이 아닙니다. 이 점을 이해하면 좋은 자료를 만들 수 있습니다. 프레젠테이션 때 "고객님을 대신해서 만들었을 뿐이며, 고객님의 요구입니다."라고 전하는 것도 중요합니다.

시각적으로 알기 쉬운 자료를 만든다.

● 스토리에 따라 알기 쉬운 자료를 '그림책'처럼 만든다.

● '고객의 요구'를 구체적으로 나타낸 것이 프레젠테이션 자료다.

● 고객의 시선으로 알기 쉽게 자료를 만든다.

"고객님을 대신해서 만들었을 뿐이며,
고객님의 요구입니다."

4-08 비포 앤 애프터 자료를 만든다

플래닝 노하우 ③

바뀐 내용을 확실하게 이해시킨다

알기 쉬운 자료를 만들기 위한 첫째 방법은 '비포 앤 애프터 자료'입니다. 고객에게 현재 상황(비포)과, 새로운 상품을 산 후 일어날 변화(애프터)를 비교해서 제시합니다. 파는 사람 입장에서는 아무래도 자사 상품의 이야기(애프터)만 하기 쉽습니다. 그러면 가망 고객은 '결국 무엇이 달라지는지' 의문이 들어 신상품의 장점을 잘 이해하지 못합니다.

보험으로 말하자면 매달 납입액이 커지면, 아무리 히어링 시에 확인했다고 해도 커진 금액에만 주목할 수 있습니다.

납입액이 많아져도 현재보다 충실한 내용이라는 점을 이해시키면 고객은 충분히 만족합니다. 반대로 고객이 싼 가격을 고집해서 다른 요소를 제대로 이해하지 못했다면, 즉 고객이 가격만 만족하면 계약 후에 원하는 것이 아니었다며 불만을 토로하게 됩니다. 그러면 그 고객과는 더 이상 좋은 관계를 유지할 수 없습니다.

현재와 미래가 어떻게 바뀌는가?

〈before〉

〈after〉

● 무엇이 어떻게 변하는지 눈에 보이도록 만든다.

● 금액이 늘어도 지금보다 충실한 내용임을 알 수 있는 자료여야 한다.

● 고객이 불만을 느끼지 않고, 앞으로도 양호한 관계를 유지할 수 있도록 한다.

'결국 무엇이 달라지는가?'를
알 수 있게 한다.

4-09 '요약'을 만들어서 내용을 확인한다

플래닝 노하우 ④

요점은 무엇인가?

자료의 마지막에 '요약'을 만듭니다. 사람에 따라서는 이 요약만 보는 사람도 있습니다. 특히 경영자 중에 그런 사람이 많습니다.

경우에 따른 설명 항목이 여러 가지인 상품은 그 자료가 길기 마련입니다. 물론 그만큼 프레젠테이션 시간도 깁니다. 그런데 상대방이 시간이 없는 경우에는 오래 붙들고 설명하는 걸 싫어합니다.

"그러니까 요점은 뭐죠?"라고 말하는 사람도 생깁니다. 이를 위해서라도 '요약'을 만들어놓으면 편리합니다.

아무리 고객이 적극적으로 원하는 상품일지라도 프레젠테이션 시간이 길어지면 처음부터 끝까지 집중해서 듣기 어렵습니다. 자료 설명이 길어져 상대방이 지쳐 보일 때는 이 '요약'만 이야기함으로써 상대를 안심시킬 수 있습니다.

'요약'을 만들어서 요점을 확인한다.

● 바쁜 사람을 위해서, 설명이 길어질 때를 대비해서 '요약' 항목을 만들어놓는다.

'요약'만 확인하면 되므로
안심시킬 수 있다.

4-10 알기 쉬운 제안서는 '그림책' 형식이다

플래닝 노하우 ⑤

열의를 눈에 보이는 형태로 나타낸다

자료 작성의 포인트는 스토리와 시각적인 구성이라고 설명했습니다. 이 두 가지를 추구하다 보면 '그림책'이 되지 않을까 싶습니다.

예전에 그림과 표를 사용해서 20페이지에 달하는 프레젠테이션을 한 적이 있습니다. 이때 고객은 마치 그림책을 보는 것 같다고 했습니다. 그 말을 듣고 궁극의 제안서는 그림책 형식이 된다는 것을 깨달았습니다.

이후 저는 최대한 시각적인 면을 중시한 자료를 만들어서 호평을 받아왔습니다. 물론 그림책 형식으로 만드는 것은 시간도 오래 걸리고 힘도 많이 듭니다. 하지만 고객은 그 고생을 알아주고 고마워합니다. 사람은 누구나 자신을 위해서 노력해준 사람에게 좋은 인상을 가지기 마련입니다.

또 열심히 말하는 영업맨은 많지만, 열의를 눈에 보이는 형태로 나타내는 영업맨은 많지 않습니다. 그 차별화로 고객에게 강한 인상을 남길 수 있습니다.

스토리 + 비주얼 = 그림책

● 바쁜 사람을 위해서, 설명이 길어질 때를 대비해서 '요약' 항목을 만들어놓는다.

· 궁극의 제안서는 '그림책' 형식이다.

열의를 눈에 보이는 형태로 나타낸다.

4-11 상품을 분리해서 클로즈업한다

플래닝 노하우 ⑥

옵션마다 확대해서 설득력을 높인다

어프로치 편에서 상품의 기능을 분리해서 진정한 동기를 찾으라는 이야기를 했습니다. 마찬가지로 그림책 형식의 제안서를 만들 때도 상품을 기능별로 분리해서 종이 한 장의 분량으로 설명하는 것이 포인트입니다.

다양한 기능을 한 장으로 모아서 설명한 자료는 초점이 흐려져 각각의 기능을 이해하기가 어렵습니다. 그러면 고객은 상품의 필요성을 느끼지 못합니다.

자동차 회사의 홈페이지를 예로 들 수 있습니다. 홈페이지에 올라와 있는 자동차 전체 이미지에서 타이어, 운전석, 내연기관과 같은 각각의 항목을 클릭하면 그 부분이 다른 화면으로 클로즈업되어 설명이 나옵니다.

그림책 형식의 제안서도 이와 같습니다. 각 기능을 클로즈업해서 보여주면 '고객의 자세한 요구가 충분히 충족되어 있다.'는 설득력이 생길 것입니다. 특히 보험은 그림책 형식의 제안서가 위력을 발휘합니다. 상품 자체가 눈에 보이지 않는 데다가 옵션을 어떻게 조합하느냐에 따라 다양한 상품이 되기 때문입니다.

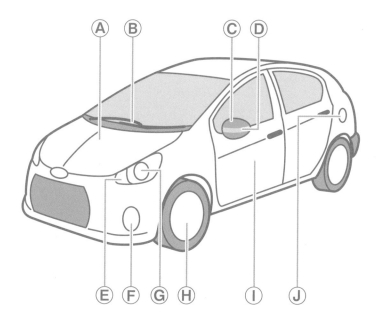

• 상품을 기능별로 분리해서 하나씩 설명한다.

• 옵션마다 클로즈업해서 눈에 보이도록 한다.

• 고객의 자세한 요구에 부응하고 있다는 점을 강조한다.

4-12 법인 영업에서는 키퍼슨이 핵심이다

플래닝 노하우 ⑦

'도움이 되는 존재'가 되어라

고객이 개인이 아니라 법인, 즉 B2B 영업인 경우를 해설해보겠습니다. B2B에서도 집객과 세일즈 프로세스를 응용하면 매우 효과적입니다.

법인 영업인 경우, '누가 어떠한 형식으로 결정을 내리는가?'를 알지 못하면 협상이 잘 진행되지 않습니다. 의사 결정 방법은 회사마다 천차만별입니다. 중소기업이라면 사장의 한마디에 결정되기도 하고, 대기업이라면 우선 품의서를 돌려야 할지도 모릅니다.

이런 회사의 내부 사정을 외부인이 파악하기는 어렵습니다. 이럴 때 필요한 것이 사내 키퍼슨입니다. 사내에 관한 일은 직원이 가장 잘 알고 있지요. 품의서를 올리는 순서부터 상급자의 취향, 관례 등 직원이 아니면 모르는 것들이 있습니다.

그래서 사내 키퍼슨이 되어줄 사람을 찾아서 영업과 상품을 이해시키고, 당신의 팬으로 만들 필요가 있습니다. 협력해줄 사람을 찾으면 자주 연락해서 유익한 정보를 제공하거나, 상대방의 일에 도움이 되어주면 됩니다.

법인 영업에서는 키퍼슨이 핵심이다.

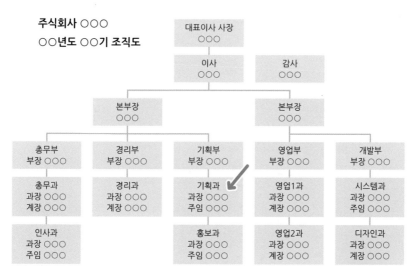

주식회사 ○○○
○○년도 ○○기 조직도

● 사내 어떤 부서의 누가 키퍼슨인지 찾아낸다.

● 자주 연락해서 유익한 정보를 제공하고 일에
　도움을 준다.

"제가 키퍼슨입니다."

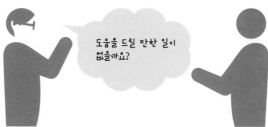

도움을 드릴 만한 일이 없을까요?

4-13 키퍼슨을 도와주며 함께한다

플래닝 노하우 ⑧

거래처의 경쟁사 정보도 입수한다

사내 키퍼슨과 좋은 관계를 맺으면, 이번에는 당신이 협력받을 차례입니다. 사내 사정을 듣고, 당신이 제안하려고 하는 방향과 내용에 대해 키퍼슨에게 조언을 받은 후에 제안서 또는 자료를 만듭니다. 그런 다음 완성된 제안서를 상사에게 전달하도록 부탁합니다. 그런데 이때 제안서에 경쟁사 정보가 있으면 효과적입니다.

예를 들면 "이미 경쟁사에서는 검토 중이다."라고 적으면 그 회사에서도 당장 검토하려는 의지가 생깁니다. 그런 유익한 정보를 넣어두지 않으면 사내 키퍼슨의 체면이 서지 않습니다. 즉 사내 키퍼슨이 상사에게 점수를 받을 수 있도록 뒤에서 밀어주고, 키퍼슨을 통해서 함께 실적을 만들어 나가려는 자세가 중요합니다.

그런 의미에서 경쟁 상대의 정보 수집에 특히 신경을 쓰고, 수준 높은 제안을 하도록 노력해야 합니다. 또한 키퍼슨이 부서를 이동해도 평생 관계를 이어갈 생각으로 정보 교환을 계속합시다.

플래닝의 노하우 요약

❶ 비포 앤 애프터 자료로 차이를 명확하게 보여준다.

현재 상황(비포)과 새로운 상품을 들임으로써 일어날 변화(애프터)를 비교해서 제시한다.

❷ 마지막에 '요약'을 만들어서 내용을 확인한다.

바쁜 사람을 위해서 요점을 정리한다. 재확인과 안도감을 준다.

❸ 자료와 제안서 만들기는 그림책을 만들듯이 한다.

그림과 표를 많이 사용해서 시각적으로 보여준다.

내용과 열의를 눈에 보이는 형태로 나타내서 차별화를 도모한다.

❹ 상품을 분리해서 설명한다.

상품을 기능별로 분리해서 각각 종이 한 장 분량으로 설명한다.

❺ 법인 영업에서는 사내 키퍼슨을 만든다.

• 키퍼슨에게 도움을 준다.

• 경쟁사 정보도 넣은 제안서를 상사에게 전달하도록 부탁한다.

• 키퍼슨이 부서를 이동하거나 이직해도 정보 제공 등의 관계는 이어간다.

슬럼프와 게으름을
극복하는 방법

소문난 영업맨도 슬럼프에 빠질 때가 있습니다. 그럴 때는 아무리 발버둥 쳐도 일이 잘 풀리지 않습니다. 또 못한 만큼 만회하려고 애쓸수록 상황이 더 안 좋아지는 악순환에 빠지고 맙니다.

그럴 때는 어떻게 해야 할까요?

무작정 움직이는 것이 아니라 마음을 바로잡는 것이 중요합니다. 예컨대 과거에 계약해주었던 관계가 좋은 고객을 찾아가 고민을 털어놓는 방법이 있습니다. 폐가 되지 않도록 30분 정도 이야기를 해봅니다.

프로 스포츠 선수들도 슬럼프에 빠지면 컨디션이 좋았을 때의 영상을 다시 본다고 합니다. 이와 마찬가지로 자신이 잘 나갔을 때의 이미지를 떠올림으로써 슬럼프를 극복할 수 있습니다.

반대로 게으름 피울 때는 실패했을 때의 일을 기록해두고 다시 보는 방법을 추천합니다. 계약이 취소되어 천국에서 지옥으로 떨어졌을 때와 같은 비참한 경험을 수첩 등에 기록해두고 긴장이 풀릴 때마다 펼쳐서 읽어봅니다.

과거에 실패했던 일을 떠올리면 '이래서는 안 된다.' 하는 반성을 하게 됩니다. 낭패를 당한 경험도 이렇게 잘 활용해봅시다.

5장

고객 만족으로
이어지는
프레젠테이션과
클로징

5-01 시나리오와 리허설이 필요하다

프레젠테이션 기술 ①

동료나 가족에게 협조를 부탁한다

플래닝이 완성되면, 이제 프레젠테이션을 합니다.

프레젠테이션에서는 흐름이 중요합니다. 작성한 자료를 알기 쉽게 리듬감을 살려서 설명하면 신뢰성이 높아집니다. 플래닝에서 준비한 자료가 아무리 완벽해도 프레젠테이션 기술이 없으면 클로징으로 가지 못합니다.

좋은 프레젠테이션에는 확실한 '시나리오'와 '리허설'이 필요합니다. 여기서 말하는 시나리오란 자료 내용이 아니라 설명 방법, 타이밍, 표정, 몸짓 등의 연출을 말합니다. 리허설은 선배나 동료, 가족도 좋으니 그들에게 고객 역할을 부탁하고 실전처럼 진행해봅니다.

서두르지 말고 천천히, 상대방이 납득하고 있는지 수시로 살펴보는 것이 포인트입니다. 고객 역할을 해주는 사람에게 이상한 부분을 지적해달라고 부탁합시다. 유창하게 말하되 대화가 일방적으로 흘러서는 안 됩니다. 상대방이 잘 따라오고 있는지, 충분히 이해했는지를 확인하면서 진행합시다.

좋은 프레젠테이션에는 연출이 필요하다.

고객은 자신이 말한 것조차 기억하지 못할 때가 있다.
히어링에서 했던 질문을 반복할 때도 있다.

● 리허설 없이 프레젠테이션을 하면?
→ 자료는 완벽해도 고객에게 잘 전달되지 않는다.

시나리오의 포인트는
- 설명 방법
- 타이밍
- 표정
- 몸짓

● 리허설을 하면 수정할 점을 미리 알 수 있다.

상대방이 잘 따라오고 있는지, 충분히 이해했는지를
확인하면서 진행한다.

5-02 고객과 하나 되어 프레젠테이션한다

프레젠테이션 기술 ②

'요구 확인'부터 '요약'까지

프레젠테이션은 고객과 '하나 되어' 검토하는 자세로 진행합니다.

① 요구 재확인 : 히어링에서 들은 고객의 요구를 재확인합니다.

② 현재 상황의 설명 : 현재 상황을 확인합니다. 자동차라면 현재 차종, 인수 비용, 연비 등입니다.

③ 필요 항목 확인 : 현재 상황이 확인되면 요구를 충족시키기 위해 필요한 항목을 제시합니다. '현재는 소형 세단이지만, 자녀가 크면 큰 미니밴이 필요하다.'와 같은 요구입니다.

④ 신규 제안 : 플래닝 자료가 쓰일 차례입니다. 신규라고 해도 고객의 요구를 표현한 것으로, 그 요구가 얼마나 충족되어 있는가가 포인트입니다. 중요한 것은 히어링에서 확인한 상대방의 우선순위를 의식해서 설명하는 것입니다. 예산 제약 등 모든 요구를 충족시키지 못하더라도 우선순위를 의식해서 니즈를 충족시키고 있음을 보여줍시다.

⑤ 요약 : 간결하게 정리하고 장점뿐만 아니라 단점도 확실하게 알려주어야 신뢰가 높아집니다.

프레젠테이션의 흐름

① 요구 재확인 ······히어링에서 들은 고객의 요구

② 현재 상황의 설명 ······현재 상황은 어떤가?

③ 필요 항목 확인 ······요구를 충족시키기 위해서는 무엇이 필요한가?

④ 신규 제안 ······고객의 요구를 표현한 것

⑤ 요약 ······간결하게 정리한다. 장단점을 확실하게 전한다.

5-03 늘어지지 않도록 악센트를 준다

프레젠테이션 기술 ③

고객의 의식을 환기한다

프레젠테이션에서는 흐름이 중요하므로 일방적으로 진행해서는 상대방이 납득했는지 알 수 없습니다. 여기서는 악센트를 주는 것이 중요합니다.

핵심 부분에서는 '오버 액션'으로 상대방의 주의를 높입니다. 몸짓으로 표현하거나, 고객을 주시하면서 "이 부분에 주목해주세요."라고 강조합니다. 프레젠테이션 자료 중에 꼭 봐주었으면 하는 부분이 있으면, 그 부분을 손가락이나 펜으로 가리키는 것도 좋습니다.

아무리 자료가 시각적으로 보기 쉽더라도 상대방이 놓칠 때가 있습니다. 그래서 주의를 환기시켜주는 것이지요.

한 단락의 설명을 마치면 "여기까지 이해되셨나요?"라고 물어봅시다. 설명을 듣기만 하면 지루합니다. 고객이 중간중간 한마디라도 대답해주면 흐름이 좋아집니다.

고객의 주의를 환기시키는 방법

● 가끔 오버 액션으로 상대방의 주의를 높인다.

● 한 단락의 설명을 마치면 상대방을 확인한다.

**상대방이 자료를 놓칠 수 있으므로
의식을 환기시킨다.**

5-04 고액 상품 프레젠테이션은 부부를 함께 부른다

프레젠테이션 기술 ④

임기응변이 가능해진다

주택, 자동차, 보험 등의 고액 상품은 사정이 허락한다면 프레젠테이션 단계에서 부부가 함께 설명을 듣는 것이 좋습니다.

고객이 막판에 거절할 때 흔히 이런 말을 합니다. "집사람에게 물어보고 결정할게요.", "남편과 다시 한 번 상의해볼게요." 아마 그 말은 핑계일 테고, 막상 계약하려니까 망설여져 돌려 말하는 것입니다. 아니면 나중에 같이 결정하겠다며 다시 한 번 설명해달라고 하니 수고가 두 배로 늘어납니다.

처음부터 부부를 상대로 면담하면, 그런 말이 나올 여지가 없습니다. 또 어느 한쪽은 내켜하지 않아도 다른 한쪽은 좋아하는 경우가 많은데, 이때의 대응 방법도 알 수 있습니다.

안고 있는 과제는 사람이 둘이면 더 명백해집니다. 고액 상품의 구매를 결정할 때 흔히 부부간의 의견 차이가 있는데, 이를 파악하면 해결 방법이 보이고 마침내 종착점을 향해 갈 수 있습니다.

부부 동반이면 대응하기 쉽다.

● 고객이 망설이거나, 바로 결정하지 못해 수고가 두 배로 늘어난다.

● 부부의 의견이 서로 달라도 함께라면 대응하기 쉽다.

안고 있는 과제도 둘이면 더 명백해진다.

5-05 관심을 보인 키워드를 반복한다

프레젠테이션 기술 ⑤

장점을 강조해서 구매 의욕을 높인다

프레젠테이션을 하다 보면 고객이 새삼 관심을 보이는 부분이 반드시 있습니다. 고객이 요구해서 작성한 제안서이지만, 고객은 설명을 들으며 새로이 문제를 인식합니다.

프레젠테이션을 하다 보면 "요즘은 연비가 많이 좋아졌군요.", "아이의 앞날을 생각하면 역시 이게 도움이 되겠어요."와 같이 고객이 반응하는 부분이 있습니다. 이때 고객이 반응한 키워드를 확실하게 기억해두었다가 다른 설명에서도 그 키워드를 반복해서 꺼내도록 합시다.

예컨대 키워드가 '연비'라면, 자동차 디자인에 대해서 설명할 때도 "디자인도 연비를 고려해서 설계되어 있습니다."라거나, 자녀의 픽업에 사용한다는 이야기를 들으면 "매일 사용하면 역시 연비가 걱정이 되시겠죠?" 같은 식입니다.

키워드를 잘 반복하면 고객은 자신이 요구했던 장점을 다시금 인식하며 구매 결정으로 마음이 기울 것입니다.

고객이 반응하는 키워드에 유의한다.

● 프레젠테이션 도중에 고객이 강하게 반응한 키워드

● 키워드를 반복해서 구매 결정으로 마음이 기울어지게 한다.

다른 설명으로 넘어가도 그 키워드를
반복해서 꺼낸다.

5-06 상대방과 90도로 앉는 게 좋다

프레젠테이션 기술 ⑥

공동 작업하듯이 한다

면담하는 장소에 따라 다르겠지만, 가능하면 프레젠테이션을 할 때는 마주보고 앉는 것보다는 테이블이나 책상 모서리를 끼고 상대방과 90도 위치에 앉는 것을 추천합니다.

왜냐하면 마주보고 앉으면 상대방과 대립 관계가 형성되기 쉽습니다. 그러므로 자신도 모르는 사이에 판매하는 인상을 줄 수 있습니다.

이에 반해 90도 옆에서 말하면 안도감과 일체감이 생겨 '같은 목적을 가지고 함께 작업하는 분위기'가 형성됩니다. 또 상대방과 나란히 앉아서 서로 같은 시선으로 자료를 보고 말하면 한층 더 친근감이 높아집니다.

설명하는 자료는 어디까지나 히어링을 구체화한 것이고, 여기서부터는 함께 작업한다는 의식을 고객이 가지면 클로징으로 갈 때 생기는 장애물을 넘을 수 있습니다.

프레젠테이션 기술의 요약

❶ 오버 액션과 손짓을 사용한다.
몸짓을 사용한다. "이 부분에 주목해주세요."
자료 중 강조하고 싶은 부분을 손가락이나 펜으로 가리킨다.

❷ 고액 상품은 부부 동반으로 프레젠테이션한다.
"집사람과 상의해보겠다."라는 말을 못하게 한다.

❸ 관심을 보인 키워드를 반복한다.
'흠, 연비가 그렇게나 차이 나는구나.'
"연비를 고려해서 설계했습니다."
"아무래도 매일 사용하는 만큼 연비가 걱정되시죠."

❹ 상대방과 90도 옆자리에 앉는다.
상대방과 90도 위치에 자리를 잡으면
친근감이 높아진다.

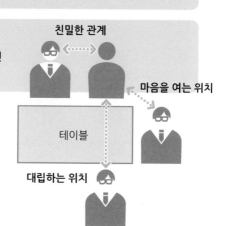

친밀한 관계

마음을 여는 위치

테이블

대립하는 위치

옆에서 말하면 안도감이나
일체감이 생긴다.

5-07 클로징은 고객의 신청으로 한다

클로징의 철칙 ①

더 이상의 말은 필요 없다

프레젠테이션이 끝나면 클로징으로 넘어갑니다.

이 단계까지 온 영업맨이라면 누구라도 "계약하겠다."는 말을 듣고 싶을 것입니다. 하지만 이때 재촉하듯이 몰아붙이는 것은 금물입니다.

앞서 "영업은 파는 것이 아니라, 니즈를 찾아서 그 문제를 해결하는 것이다."라고 설명했습니다. 그러므로 마지막 장면에서도 결코 판매해서는 안 됩니다. 당신이 '판매'하는 것이 아니라 고객이 '요청'함으로써 계약이 성사되게 하세요.

지금까지 어포인트를 비롯한 몇몇 과정을 거쳐서 상대방의 요구에 따라 제안을 해왔습니다. 이제 남은 것은 상대방이 사는(해결하는) 것뿐입니다.

"설명은 이상입니다. 어떠셨나요?"라고 말하고 상대방에게 판단을 맡기면 됩니다. 더 이상의 토크는 필요하지 않습니다.

재촉하는 말은 하지 않는다.

● 판매가 아니라 고객의 문제를 해결하는 것이 목적이다.

● 프레젠테이션이 끝나면 상대방에게 판단을 맡긴다.

**당신이 '판매'하는 것이 아니라
고객이 '요청'해야 한다.**

5-08 상대방의 침묵을 깨지 않는다

클로징의 철칙 ②

고객에게 결단할 시간을 준다

클로징에서 고객이 말할 때까지 침묵이 이어질 때가 있습니다. 제 경우에는 5분 동안 침묵이 흐른 적이 있습니다. 하지만 그렇더라도 아무 말도 하지 않는 것이 좋습니다. 여기서 침묵을 견디다 못해 구매를 강요하면 역효과가 납니다. 다시 구질구질하게 설명하는 것도 좋지 않습니다. 자료를 다시 펼쳐서 설명하면 다른 부분도 또 설명해야 합니다.

구매 금액의 단위가 크면 클수록 최종 판단에는 시간이 필요합니다. 고객으로서는 기다려주길 바랄 것입니다. 그럴 때 말을 걸면 강요하는 인상을 줄 수 있습니다. 만약 이때 계약이 성사되어도 고객의 만족감은 낮습니다.

저는 "침묵은 최대 클로징이다."라고 가르치고 있습니다. 아무 말도 하지 않고 묵묵히 기다리는 데는 용기가 필요합니다. 그래도 그 침묵의 시간은 고객에게 중요합니다. 조용히 고객에게 결단할 시간을 줍시다.

침묵은 최대 클로징이다.

- 고객이 침묵하고 있을 때는 끼어들지 않는다.

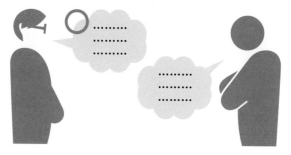

- 고객의 판단으로 가는 침묵을 깨서는 안 된다.

침묵의 시간은 고객에게 중요하다.

5-09 프레젠테이션 도중에 클로징을 인지시킨다

클로징의 철칙 ③

계약이 전제되어 있다는 분위기를 만든다

프레젠테이션 중에 클로징을 맞이하기 위한 포석을 깔아둡니다.

프레젠테이션하고 있을 때, 고객이 "이 상품은 역시 이 부분이 마음에 들어요."라고 중얼거리거나, 부부 중 한쪽이 "실은 이것(기능)을 가지고 싶었어요."라고 관심을 보일 때가 있습니다. 그 순간을 포착해서 "그렇죠. 이것을 원하셨죠. 그렇지만 일단 다른 것도 끝까지 설명을 들어봐 주세요."라고 말하고, '이미 계약이 전제되어 있다.'는 분위기를 만듭니다.

이는 클로징 기술이라기보다는 클로징으로 이끌기 위한 프레젠테이션 단계에서의 기술입니다. 플래닝 자체가 고객의 요구에 따라 만들었으므로, 프레젠테이션 중에 '이것이야말로 원했던 것이다.'라는 분위기를 조성하면 클로징까지 원활하게 이어질 수 있습니다.

프레젠테이션 중에 클로징 분위기를 만든다.

● 프레젠테이션 도중에 이런 말이 나오면

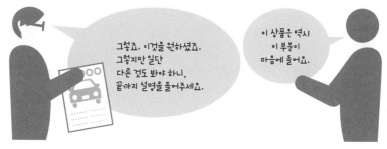

● '계약이 전제되어 있다.'는 분위기를 만든다.

> **'이것이야말로 바라던 것'이라는
> 분위기를 조성한다.**

5-10 계약 신호를 놓치지 않는다

클로징의 철칙 ④

놓치지 말고 계약으로 연결한다

프레젠테이션은 흐름이 중요하다고 했지만, 그렇다고 교과서대로 마지막까지 진행해서 "설명은 이상입니다."라고 끝낼 필요는 없습니다.

프레젠테이션에서 요약 등을 짚어보고 있을 때, 이미 상대방이 클로징 신호를 보낼 때가 있습니다. 이 신호를 놓치지 말고, 자연스럽게 클로징으로 가는 것도 중요합니다.

보험 영업을 예로 들어 살펴봅시다.

"얼마예요?"라고 도중에 금액을 물을 때는 이미 살 의욕을 보이는 것입니다. 고객이 신청서를 보는 것도 신호입니다. 부부 고객이라면 배우자의 얼굴을 보는 행위도 결정하려는 신호가 됩니다.

"어떻게 신청하면 돼요?"라고 물어본다면 더 적극적인 신호겠지요. 이런 경우에는 바로 신청서와 펜을 건네서 서명과 날인을 부탁하면 됩니다. 클로징 신호가 나오면 특별한 토크는 필요 없습니다. "어떻습니까?"라고만 물으면 됩니다.

고객의 클로징 신호를 놓치지 않는다.

신청서를 본다.

배우자의 얼굴을
쳐다본다.

**구매 의욕을 보이는 신호가
나오면 말은 더 이상 필요 없다.**

5-11 막판에 거절당하면 재치 있게 대응한다

클로징의 철칙 ⑤

역시 신뢰가 결정타다

클로징 단계에서 실패했을 때 가망 고객의 대표적인 거절 문구는 이렇습니다. "만나서 이야기할 시간이 없어요.", "다른 곳과 거래하고 있어서 계약할 수 없어요.", "돈이 없어요."

이런 예기치 못하는 사태가 일어나는 이유는 대부분 어프로치와 히어링이 충분하지 않았기 때문입니다. 특히 영업맨이 고생해서 상대방의 요구에 따라 제안서를 만들었는데, 마지막에 '시간이 없다.'고 한다면, 그것은 영업맨이 신뢰받지 못한 것이나 마찬가지입니다.

'다른 곳과 거래하고 있어서 계약할 수 없다.'는 경우에는 아직 가능성은 있습니다. 동업자인 지인에게 의리가 있어서 계약하지 못하는 사람에게 "그렇다면 친구분에게 상처 주지 않기 위해 저를 친척이라고 말씀해주시면 안 될까요?"라고 말해서 계약으로 이어진 경우도 있습니다.

상대방이 재치 있는 제안을 받아주는 사람인지에 따라 다르겠지만, 정말로 친구와의 의리를 지켜야 했다면 처음부터 면담을 받지 않았을 것입니다. 그러니 역시 신뢰가 결정타입니다.

클로징 단계에서 거절당했을 때의 대응

● 어프로치와 히어링이 충분하지 않았다.

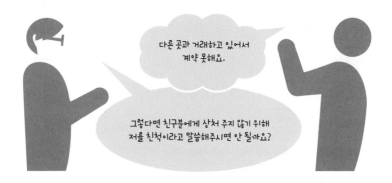

재치 있는 대응으로 성공하는 경우도 있다.
언제나 영업맨의 신뢰가 결정타이다.

5-12 예산 문제라면 수준을 낮춰 제시한다

클로징의 철칙 ⑥

원래 가격을 고집할 필요는 없다

"이렇게 많이 못 내요."라는 말로 거절당한 경우에 대해서 살펴봅시다.

만약 고객이 "2,000만 원은 힘들지만, 1,800만 원이라면 가능해요."라고 말했다면 수준을 낮춰서 희망하는 가격으로 제안하는 것이 클로징으로 가는 지름길입니다. 처음 고객의 요구에 따른 것이라고 해서 원래 가격을 고집할 필요는 없습니다.

예를 들면 "그렇다면 고객님께서 별로 관심이 없으셨던 옵션의 ○○와 ○○를 포기하면 어떨까요? 그렇게 하면 1,800만 원으로 맞춰드릴 수 있습니다."와 같이 우선순위가 낮은 것부터 뺍니다.

옵션은 나중에 여유가 생겼을 때 추가하면 된다고 덧붙이고, "정보는 앞으로도 보내드리겠습니다. 검토 시에는 언제든 연락주십시오."라고 계약 후에도 정기적으로 정보를 제공하겠다고 약속합니다.

수준을 낮춰서 고객이 희망하는 가격에 맞춘다.

● 우선순위가 낮은 것부터 제거한다.

● 계약 후에도 정보를 제공한다.

원래 가격을 고집할 필요는 없다.

5-13 클로징을 못해도 개의치 않는다

클로징의 철칙 ⑦

재빨리 물러난다

예산에 관해서는 이미 히어링 단계에서 조건을 확인했습니다. 그런데 만약 그보다 더 낮은, 채산이 맞지 않는 금액을 요구하면 그때는 무리해서 진행하지 말고 "그러면 플랜을 다시 짜서 오겠습니다."라고 말하고 일단 철수하는 것이 좋습니다.

이때 섣불리 제안 내용을 변경해버리면 고객에게도 의미가 없는 플랜이 될 뿐만 아니라, 보류한 상태에서 같은 수준으로 타사에 플랜을 만들게 하여 갈아타는 경우도 있습니다. 영업맨이 시간을 들여서 지식과 경험을 담아 설계한 제안이므로 막판에 고객을 빼앗기지 않도록 주의합시다.

그 밖에 사정이 바뀌어서 도저히 클로징하지 못할 때는 "아쉽지만 다음 기회에 잘 부탁드립니다."라고 말하고 재빨리 물러납니다. 그리고 다시 '가망 고객'으로 돌려서 정보를 제공하면 됩니다. 그런 사람이 나중에 다시 의뢰하는 경우도 적지 않습니다.

클로징의 철칙 요약

❶ 상대방의 침묵을 깨서는 안 된다.
침묵은 최대 클로징이다. 묵묵히 기다릴 용기를 가진다.

❷ 프레젠테이션 도중에 클로징을 인지시킨다.
(이거 좋네요.) (이거 갖고 싶었어요.)
"원하셨던 거죠.
그래도 일단 끝까지 설명을 들어주세요."

❸ 고객의 계약 신호를 놓치지 마라.
"얼마예요?", "어떻게 신청하면 되나요?"
신청서를 본다. 남편이 아내의 얼굴을 쳐다본다.
바로 계약서와 펜을 건넨다.

❹ 막판에 거절당했을 때는 재치 있게 대응한다.
"그렇다면 저를 친척이라고 말씀해주시면 안 될까요?"

❺ 예산 문제라면 수준을 낮춘다.
우선순위가 낮은 것부터 뺀다.

❻ 클로징하지 못해도 개의치 않는다.
"또 오겠습니다."라고 말하고 다시 가망 고객으로 돌린다.

5-14 계약 이후의 영업이 더 중요하다

소개받기의 힌트 ①

새로운 가망 고객을 획득한다

계약하면 끝이라고 생각하는 영업맨이 많은데 이는 잘못된 생각입니다. 그 계약이 중대한 협상이면 모를까, 개별 계약 중 하나라면 영업은 그 후도 계속해야 한다는 점을 잊어서는 안 됩니다.

바꿔 말하면 '계약 이후의 영업'이 우수한 영업맨인지 아닌지를 가르는 갈림길이 됩니다. 포인트는 계약자에게 받는 소개입니다. 어디까지나 '소개받고 한 건 완료했다.'고 생각해야 합니다.

클로징으로 끝나는 것이 아닙니다. 생각해보세요. 계약이 성사되면 기쁘겠지만, 그것은 곧 가망 고객이 한 명 줄어드는 순간이기도 합니다. 가망 고객을 얻기 위해서는 잠재 고객을 찾아 정보 제공을 반복해서 반응을 기다려야 하므로 시간이 걸립니다.

그런데 소개를 받으면 순식간에 가망 고객을 얻습니다. 이 기회를 놓쳐서는 안 됩니다. 더욱이 소개는 고객과 심리적인 거리가 가장 가까운 시점에서 할 수 있습니다. 또 소개받은 고객을 만나면 어프로치도 거의 끝난 것이나 마찬가지입니다. 시간을 단축할 수 있고 성공률도 높습니다.

계약이 끝이 아니다.

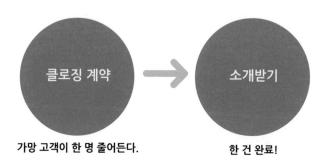

클로징 계약 → 소개받기

가망 고객이 한 명 줄어든다.　　　　한 건 완료!

● 계약자에게 소개를 받아라!

소개

당신　　　　　　　소개받은 사람

계약자

● 소개받으면 가망 고객을 바로 얻는다.

5-15 소개받으면 신뢰 관계를 그대로 이어간다

소개받기의 힌트 ②

키퍼슨과의 신뢰 관계를 물려받는다

'고객 4분류'에서 설명했듯이, 지인을 소개해주는 사람이 키퍼슨이 됩니다. 키퍼슨은 당신의 영업 효율을 높여주는 존재입니다. 그렇다면 키퍼슨이 소개해주는 사람이란 어떤 사람일까요?

대부분은 가족이나 친구, 동료겠지만 고액 상품이라면 당연히 '경제적으로 여유가 있는 사람'이라는 전제 조건이 충족될 것입니다.

소개해주는 사람은 계약자와 같은 직종인 경우가 압도적으로 많습니다. 그 경우 키퍼슨과 비슷한 환경에 있으므로 영업맨으로서는 세일즈 프로세스 단계에서의 예비지식을 이미 가지고 있는 상태입니다. 이를 잘 활용해야 합니다.

인맥을 쌓기 위해서는 시간이 걸립니다. 그런데 소개를 받으면 그 시간을 아낄 수 있습니다. 게다가 소개받은 사람이 "○○○ 씨의 소개라면 안심이 된다."라고 말했다면, 그것은 오랜 시간에 걸쳐서 구축된 키퍼슨과 피소개자의 신뢰 관계의 일부를 물려받는 것이나 마찬가지입니다. 그러므로 이 연결 고리를 끊지 않고 흐름을 잘 타는 것이 중요합니다.

소개받는 것의 유리함

· 경제적으로 여유 있는 사람
· 가족, 친구
· 같은 직종의 동료인
  경우가 많다.

키퍼슨   피소개자

● 세일즈 프로세스가 같아서 생략할 수 있다.

○○○ 씨의 소개라면
안심이 됩니다.

● 키퍼슨과 소개받은 사람의 신뢰 관계를 소중하게 여긴다.

물려받은 신뢰 관계를 잘 이어간다.

5-16 소개자의 정보를 누설하지 않는다

소개받기의 힌트 ③

신뢰 관계를 유지하기 위해서 소개자의 정보를 지켜준다

소개받은 고객을 만났을 때 소개자의 정보를 떠벌리는 일은 절대로 하지 맙시다.

대화 중에 상대방이 "○○○ 씨는 요즘 어떻게 지내나요?"라고 은근슬쩍 물어볼 때가 있습니다. 아무리 두 사람이 친구라도 소개자의 근황 등을 섣불리 알려주면 안 됩니다. "매우 잘 지내고 계세요.", "매우 바쁘게 지내신다고 들었습니다." 정도로만 말하고, 그 이상의 개인 정보를 물어본다면 "사생활과 관련된 부분이어서요."라고 넌지시 거절합니다.

남의 상세한 정보까지 말하고 다니면 상대방은 '나에 대해서도 말하고 다닐 수 있다.'고 경계심을 갖습니다. 그러면 신뢰 관계는 한순간에 무너집니다. 키퍼슨 덕분에 신뢰 관계의 흐름을 타고 있다는 의식을 잊지 말아야 합니다.

계약해준 사람의 사생활을 말하지 않는다.

● 소개자에 관한 정보를 누설하지 않는다.

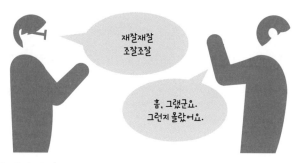

● 자신에 대해서도 다른 곳에서 말하고 다닐 것이라고 여긴다.

신뢰 관계의 흐름을 타고 있다는 사실을 잊지 않는다.

5-17 키퍼슨에게 반드시 상황을 보고한다

소개받기의 힌트 ④

나중에라도 소개받을 기회가 온다

소개받은 고객과 만난 후에는 반드시 키퍼슨에게 연락을 합시다. 요즘에는 직접 말로 전하는 것보다 이메일을 더 선호할 수 있습니다.

"소개해주신 △△△ 씨를 오늘 만나 뵈었습니다.", "이런 이야기를 나눴습니다." 정도로만 간단하게 보고해도 상관없습니다. 계약한 경우에는 물론 "계약해주셨습니다."라고 연락합시다. 그러면 소개자가 소개한 보람을 느껴 또 다른 사람을 소개해줄지도 모릅니다.

실제로 제게도 여러 번 지인을 소개해준 키퍼슨이 몇 명 있습니다. 당연하지만 키퍼슨이 많을수록 성과가 오릅니다.

설령 계약 직후에 지인을 소개해주지 않더라도 정기적으로 정보를 제공해야 합니다. 영업맨의 존재가 잊히지 않도록 노력하다 보면 나중에 소개받을 기회가 찾아옵니다.

키퍼슨에게 반드시 상황을 보고한다.

● 간단하게 보고해도 상관없다.

● 소개해주지 않더라도 정기적으로 정보를 제공한다.

키퍼슨에 대한 보고가
다음 소개로 이어질 수 있다.

5-18 소개 의뢰는 계약 직후가 가장 좋다

소개받기의 힌트 ⑤

고객 만족도가 높은 타이밍을 노린다

소개는 언제 부탁하면 좋을까요? 실은 상대방의 만족도가 높은 계약 직후가 가장 좋습니다. 계약을 마치고 만족하고 있을 때이면서 동시에 영업맨의 제안을 평가하고 있을 때이기도 합니다. 그러니까 지인에게 소개할 마음이 생기겠죠. 결코 소개를 나중에 받으려고 하지 마세요.

"이번 계약에 만족하셨나요?"라고 묻고, 그 후에 "고객님과 마찬가지로 다른 사람에게도 도움을 드리고 싶은데, 아는 사람을 소개해주실 수 없을까요?"라고 물어봅니다.

소개 의뢰는 계약 후도 좋지만, 그 전 단계인 어프로치나 히어링 단계에서 소개할 사람을 연상하도록 포석을 깔아놓는 것도 하나의 방법입니다. 예컨대 "○○○ 씨는 그런 성취감이 있는 일을 하고 계시는군요. 동료분들도 똑같이 느끼고 계시겠네요." 등과 같습니다.

소개 의뢰는 계약 직후가 좋다.

● "다른 사람에게도 도움을 드리고 싶은데……."

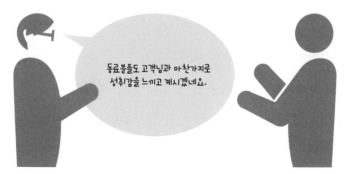

● 어프로치나 히어링 단계에서도 소개를 의식하게 한다.

계약 직후는 영업맨의 제안을
평가하고 있을 때다.

5-19 '누구를' '언제까지' 소개할지 물어본다

소개받기의 힌트 ⑥

계약자가 소개할 마음이 들게 한다

계약자 중에는 소개할 사람이 바로 떠오르지 않는 경우도 있습니다. 그럴 때는 '누구를', '언제까지' 소개해줄 것인지 물어보는 것도 유효합니다.

'누구'에 대해서는 클로징 전 단계에서 지인이나 특정 인물을 연상할 수 있도록 유도합니다. "고객님의 친구 중에 연비 때문에 고민하는 분이 있을까요?"라고 하거나, 골프 이야기가 나오면 "골프는 어떤 사람들과 다니세요?"라고 화제를 던지는 것도 좋습니다.

'언제까지'에 대해서는 "그렇다면 차량 반납 때 다시 찾아뵐 테니, 그때까지 생각해주실 수 있을까요?"라고 말합니다. 보험이라면 "다음에 의사 진단이 있을 때 알려주세요."라고 말합니다.

인간은 기한이 없으면 좀처럼 실행하지 않습니다. 더구나 소개라면 영업맨에게는 중요해도 계약자에게는 덤일 뿐입니다. 물론 기한을 주는 것을 싫어하는 사람도 있으므로 신중하게 부탁해야겠지요!

누구를, 언제까지 소개할 수 있는지 물어본다.

● 특정 인물을 연상시키게 한다.

● 언제 소개할지도 인지시킨다.

사람은 기한이 없으면 좀처럼
실행하지 않는다.

5-20 상품에 따라서 소개 상대를 한정한다

소개받기의 힌트 ⑦

어프로치가 쉬워지는 소개받기

취급 상품에 따라서 대상 고객은 한정됩니다. 이런 경우에는 소개받는 사람을 한정해서 물어보아야 합니다.

법인 영업(B2B)에서 상급자의 판단이 없으면 진행되지 않는 유형의 상품이라면 "아는 경영자분은 없습니까?"라고 물으면 좋습니다. 또 B2C의 자동차, 집, 보험 등은 인생의 전환점과 관련 있으므로 이렇게 질문할 수 있습니다.

"아는 분 중에 최근에 결혼한 사람은 없습니까?", "출산한 사람은 없습니까?" 이처럼 구체적으로 물으면 대상을 연상하기 쉽습니다. 계약자는 상품 내용을 알고 있는 만큼 적절한 사람을 소개해줄 테고, 그 사람에게 상품의 개요도 설명해줄 것입니다. 그만큼 영업맨은 다음 고객에게 어프로치하기가 쉬워집니다.

상품에 어울리는 사람을 소개받는다.

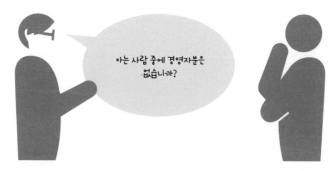

● 대상을 한정해서 소개받는다.

● 상품의 내용과 연관 지어서 질문한다.

계약자는 상품의 내용을 아는 만큼
적절한 사람을 소개해준다.

5-21 이메일 참조에 넣어달라고 부탁한다

소개받기의 힌트 ⑧

상대방의 인맥에 들어가기

소개를 부탁하면 그 자리에서 지인에게 전화를 해주는 계약자도 있습니다. 그것은 나름대로 고맙습니다만, 요즘 시대에 연락은 주로 이메일로 할 것입니다. 이메일을 받으면 바로 대답할 필요가 없으므로 보내는 사람도 심리적으로 편합니다.

그래서 소개자에게 부탁할 때 상대방에게 이메일을 보내면서 당신의 이메일 주소나 회사 홈페이지 주소를 넣어달라고 제안할 수도 있습니다. 동시에 "메일을 보내실 때 참조로 제게도 똑같은 것을 보내주세요."라고 부탁해보세요. 이때 "영업사원 ○○○ 씨에게도 참조로 같은 것을 보냈습니다."라고 덧붙일 것을 당부합니다. 이렇게 하면 피소개자의 이메일 주소를 자연스럽게 입수할 수 있습니다.

그 후에 "×××씨에게 소개받은 F사의 ○○○입니다. 한 번 시간을 내주실 수 있을까요?"라고 이메일을 보냅니다. 이렇게 하면 고객의 인맥 속에 자연스럽게 녹아들 수 있고, 설령 바로 계약을 따내지 못해도 가망 고객의 리스트가 늘어납니다.

이메일을 활용한 인맥 만들기

● "영업사원 ○○○ 씨에게도 참조로 같은 것을 보냈습니다."라고 덧붙일 것을 당부한다.

● 계약자 인맥 속에 자연스럽게 녹아든다.

바로 계약으로 이어지지 않더라도 가망 고객 리스트가 늘어난다.

5-22 목표 수치를 세일즈 프로세스에 대입해본다

소개받기의 힌트 ⑨

계약 목표 수치에서 역산한다

영업맨에게는 목표 수치가 있습니다. 예컨대 연간 매출 목표가 3억 원이라면 어떻게 계획을 세워야 할까요?

포인트는 세일즈 프로세스의 최종 단계부터 목표 수치를 역산하는 것입니다. 연간 목표가 3억 원이면, 매월 2,500만 원의 매출과 8명의 계약자가 필요합니다. 그렇다면 일주일에 2명과 계약해야 합니다.

프레젠테이션(플래닝 포함)에서 클로징으로 이어질 확률이 50%라면 매주 4건의 프레젠테이션을 해야 합니다. 이하 각 단계로 넘어갈 수 있는 확률을 50%라고 하면 8건의 히어링, 16건의 어프로치, 32건의 어포인트가 필요합니다.

이를 실행하기 위해서는 계획을 짜야 합니다. 일주일을 전반과 후반으로 나누어 계획을 세우지 않으면 같은 날에 프레젠테이션과 다른 일정이 겹칠 수 있습니다. 또한 32건의 어포인트를 잡고 싶어도 만날 고객이 없으면 소용없습니다. 그러므로 일정 관리와 함께 소개받기 등으로 가망 고객을 확보하는 노력을 병행해야 합니다.

소개받기의 힌트 요약

❶ 소개는 계약 직후에 부탁한다.
"고객님과 마찬가지로 다른 사람에게도 도움을 드리고 싶은데,
아는 사람을 소개해주실 수 없을까요?"

❷ '누구를' '언제까지' 소개할 수 있는지 물어본다.
"고객님의 친구 중에 연비를 걱정하는 분이 있을까요?"
"차량 반납 때 다시 찾아뵐 테니, 그때까지 생각해주실 수 있을까요?"

❸ 상품에 따라서 소개 상대를 한정한다.
"아는 사람 중에 최근에 결혼한 사람은 없습니까?"

❹ 이메일 참조에 넣어달라고 부탁한다.
"참조로 제게도 같은 이메일을 보내주세요."

❺ 목표 수치를 세일즈 프로세스에 대입해서 계획한다.
월간 8명의 계약자가 필요하면 매주 2명과 계약해야 한다.
프레젠테이션에서 클로징으로 이어질 확률이 50%라면
매주 4건의 프레젠테이션, 8건의 히어링, 16건의 어프로치,
32건의 어포인트가 필요하다.

블루오션에서 득이 되는
대화를 한다

기업에 어프로치할 때 영업맨은 보통 어느 부서에 갈까요? 보험 영업맨, 복사기 영업맨, 세무사도 대체로 총무부에 가지 않을까 싶습니다. 거기서 계약을 부탁하는 일은 어떤 의미가 있을까요?

기업에서 그런 지출은 손익 계산 상의 '비용' 부분에 해당합니다. 비용 상승의 요인을 논의하러 가는 곳이 총무부입니다. 그곳에는 유사 업체 간 경쟁이 극심해서, 자칫하면 가격 인하 경쟁이 벌어질 수 있습니다. 총무부에서 이루어지는 일은 레드오션 시장에서의 '로스 토크(loss talk)'인 셈입니다.

반대로 블루오션 시장이 있습니다. 영업맨은 이 상품으로 '고객의 매출을 올리는 제안'을 하려는 것입니다. 그러므로 대상자는 주로 경영자여야 좋습니다. 예컨대 복사기 영업이라면, 소개 상품을 사용하면 기존보다 우수한 판촉물을 직접 만들 수 있어서 비용이 덜 들고, 고객 기업의 매출이 오른다는 점을 제안할 수 있습니다. 경우에 따라서는 제휴 회사도 소개할 수 있습니다.

이로써 경영자를 만족시키고 상품이 채택된다면, 그 토크는 '프로핏 토크(profit talk)'가 됩니다. 그 시장은 평온하고 가격 경쟁도 없습니다. 이처럼 톱 영업맨들은 '프로핏 토크'로 시장을 개척하고 있습니다.

6장

원활한
마케팅 활동을
하기 위해서
해야 하는 일

6-01 자리를 비울 때는 동료에게 말을 건다

사내 소통의 비결 ①

자이언스 효과를 활용한다

영업 성과가 좋은 사람은 사내 소통도 잘합니다. 특히 자리를 비울 때, "○○에 갈 건데, 필요한 거 있으세요?"라고 반드시 말을 겁니다. 사소한 일이지만 평소에 이렇게 배려하면 동료들과 좋은 관계를 이어갈 수 있습니다.

반대로 주변 사람들에게 전혀 말을 걸지 않는 사람도 있습니다. 이런 사람은 존재감이 없어서 아무도 신경 써주지 않습니다. 묵묵히 자기 일만 하고 말없이 사라지기 때문입니다. 그러면 사내 대인관계도 좋아지기 어렵겠지요.

상대방과 접하는 횟수가 많을수록 호감을 느끼는 것을 자이언스 효과(단순 노출 효과)라고 부릅니다. 자리를 비울 때 주변 사람에게 말 한마디 건네기만 해도 호감을 얻을 수 있고 소통도 원활해집니다.

접촉을 많이 할수록 친해진다.

사람이든 노래든 광고든 접하는 횟수가 많을수록 인상이 좋아진다.

주변 사람에게 반드시 말을 건다.

6-02 고마움은 반드시 표현한다

사내 소통의 비결 ②

작은 선물로 고마운 마음을 전한다

예컨대 회사의 타부서 직원에게 업무를 도와달라고 부탁받았다고 합시다. 당신은 이미 사례하지 않아도 괜찮다고 했지만, 결과적으로 상당히 수고를 했습니다. 이때 정말로 사례가 없다면 기분이 어떨까요?

다시는 협력해주고 싶지 않을 것입니다. 우리는 일을 부탁받으면 "사례는 됐어요.", "우리 사이에 그러지 않으셔도 돼요."라고 말하기 쉬운데, 상대방이 거절했다고 해서 아무것도 하지 않는 것은 좋지 않습니다.

감사의 마음은 말로 전하는 것은 물론이고, 어떠한 형태로든 표현해야 합니다. 예를 들면 음료수 한 캔과 과자 한 봉지여도 좋습니다. 인근 가게에서 회식하는 것도 좋은 방법입니다. 금액이 많고 적음을 떠나, 작은 배려야말로 상대방에게 전해지는 법입니다.

고마움을 표현할 수 있는 사람은 주변 사람에게 도움을 많이 받게 되며, 함께 일하기도 편합니다.

상대방에게 마음을 전하는 표시

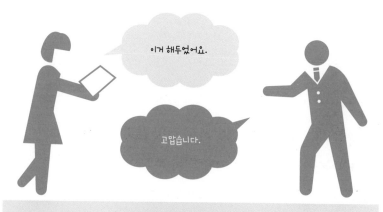

일을 도와주었으면

작은 선물이어도 좋으니 감사의 마음을 표현한다.

6-03 험담해서 좋을 것은 하나도 없다

사내 소통의 비결 ③

칭찬할 때는 제삼자를 경유하는 것이 효과적이다

성적이 좋지 않아 고전하는 영업맨일수록 "우리 상사는 정말 별로야."라면서 상사의 험담을 합니다. 이런 사람은 거의 성공하지 못합니다.

원인은 두 가지로 생각해볼 수 있습니다. 하나는 자신이 험담한 사실이 돌고 돌아 나쁜 형태로 상사 귀에 들어가는 것입니다. 또 하나는 험담할 때마다 사실은 자신에게 나쁜 암시를 걸고 있는 점이지요. 부정적인 기분이 드니까 업무 능률도 높지 않습니다.

한편 성과가 좋은 영업맨은 "우리 상사는 항상 잘 챙겨주셔서 감사해."라고 말합니다. 이 말도 돌고 돌아서 한층 더 좋은 형태로 당사자에게 전해집니다.

칭찬하고 있다는 사실을 제삼자에게 들으면 당사자도 기쁘고, 직접 듣는 것보다 효과가 높습니다. 그러면 사내 분위기가 부드러워져 당연히 일도 하기 쉬워집니다. 영업 성과를 논하기 전에 사내 인간관계를 원활히 하는 일은 매우 중요합니다.

사내 인간관계부터 원활하게 만든다.

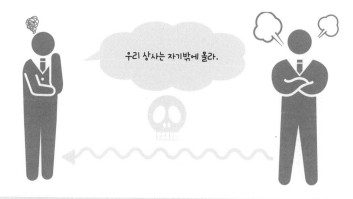

험담하고 다니면 부정적인 영향이 돌아온다.

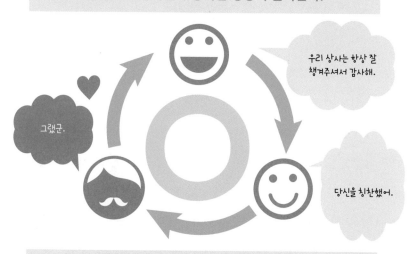

'뒷담화'보다 '뒷칭찬'이 효과적이다.

6-04 상사를
어려워하지 않는다

상사와 잘 지내는 법 ①

누구에게나 약점이 있다

상사를 어렵게 생각하는 사람이 많습니다. 영업 자체가 힘들어서 그만 두는 것이 아니라, 상사와의 관계가 좋지 않아서 직장을 떠나는 사람도 적지 않습니다. 하지만 잘 생각해보세요. 일반적으로 상사는 주로 연상이니 가치관이나 사고방식이 맞지 않는 것이 어쩌면 당연할지도 모릅니다. 이 점을 의식해서 상사에 대한 불편한 마음을 버려보세요. 불편하게 생각하면 영업 일도 잘 풀리지 않습니다.

좋아하라고까지 말하기는 어렵지만, 우선은 불편한 마음을 버려봅시다. 이를 위해서 그 사람의 좋은 점을 확대해서 보세요. 예를 들면 '평소에는 잘난 척하지만, 집에서는 딸에게 꼼짝 못한다.'라는 점을 알았으면, 그 이미지를 전제로 보는 겁니다. 이렇게 생각하면 불편한 마음이 사라집니다.

상사와 잘 지내는 것도 일 중 하나라고 생각해야 합니다. 상사와의 관계는 일하는 데 아주 중요합니다. 처한 상황에서 잘 해나가는 것도 영업맨의 일 중 하나입니다.

상사에 대한 불편한 마음을 없애자.

가치관이나 사고방식이 맞지 않는 것은 당연하다.

상사와 대립해서 좋을 건 없다. 상사와 잘 지내는 것도 일 중 하나다.

6-05 상사를 이용하는 방법을 생각한다

상사와 잘 지내는 법 ②

가끔은 상사에게 공을 돌린다

우수한 영업맨은 상사를 잘 이용합니다. 돌이킬 수 없는 말실수를 해서 협상을 엎어버린 상사조차도 피하거나 싫어하지 않습니다. 대신 좋은 관계를 유지하기 위해 방법을 궁리합니다.

이럴 때는 고객과의 협상을 혼자 진행하고, 마지막에 날인만 하면 되는 상황에만 상사를 동행시킵니다. 고객도 회사의 높은 사람이 와서 기쁠 테고, 상사도 만족해줍니다. 이렇게 하면 모두 원만하게 해결됩니다.

상사와 대립해서 좋을 건 하나도 없습니다. 아무리 계약을 많이 따내도 상사와 관계가 좋지 않으면 오래가지 못합니다. 사방에 적이 있는 것이나 마찬가지니까요. 이래서는 좋은 성적을 올릴 수 없습니다. 영업맨이라면 고객과 친해지기 위해서 늘 노력하고 있을 것입니다. 그 몇 분의 1이라도 좋으니 상사와도 좋은 관계를 쌓기 위한 노력을 기울여봅시다.

고객처럼 상사와도 좋은 관계를 맺는다.

가끔은 상사에게 공을 돌린다.

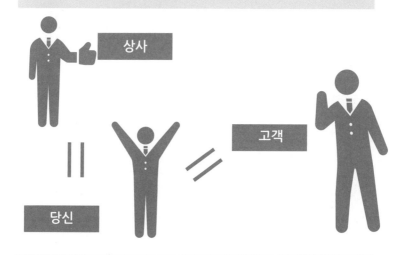

상사와 관계가 좋으면 고객과의 관계도 좋아진다.

6-06 혼나면 조용히 3분은 기다린다

잘 혼나는 방법

진정될 때까지 변명하거나 말대꾸하지 않는다

혼나고 있을 때 중간에 말대꾸를 하거나 변명하면 어떻게 될까요?

대개의 경우, 불난 데 부채질하는 꼴이 되어 더 나쁜 결과를 초래합니다. 그렇게 되지 않으려면 윗사람에게 혼날 때는 '가만히 3분 기다리기'를 실천해봅시다. 3분 넘게 계속 혼나는 사람은 많지 않습니다.

가만히 듣고만 있으면 상대방의 화가 서서히 가라앉습니다. 억울한 상황이라도 3분 동안은 상대방의 말을 듣고, 그 후에 말하는 것이 좋습니다.

이는 상대가 고객인 경우에도 마찬가지입니다. 고객에게 항의가 들어왔을 때 변명하거나 반박하면 문제는 더 꼬입니다. 혼나는 시간이 몇 배나 더 늘어납니다. 고객에게도 불필요한 말은 하지 않아야 사태가 빨리 진정됩니다.

변명거리가 있으면 상대방의 말이 끝난 다음에 합시다. 상사 혹은 고객에게 혼날 때는 우선 3분 동안 가만히 들어주세요. 그것이 화를 최소한으로 억제하는 가장 좋은 방법입니다.

상대방의 화가 가라앉을 때까지 조용히 기다린다.

3분 기다리면 잔소리는 잠잠해진다.

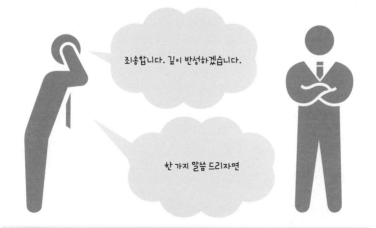

변명하거나 말대꾸하지 말고,
해명은 상대방의 말이 끝나고 나서 한다.

6-07 순수하게 받아들여야 성공한다

'어차피 못해.'가 가장 좋지 않다

무의식으로 부정하지 말기

회사에 따라서는 인재 육성을 위해서 다양한 연수나 교육을 준비합니다. 직원들은 연수를 받은 직후에 의욕이 솟구치는 법입니다. 하지만 시간이 조금 지나면 원래 상태로 다시 돌아갑니다.

그렇게 되는 가장 큰 원인은 무엇일까요? 좋은 이야기를 들으면서 "무슨 말인지 알겠지만 내가 할 수 있는 일이 아니다."라고 처음부터 생각하기 때문입니다. 이런 '무의식의 부정'이 발목을 잡아 기껏 공부한 것이 결과로 이어지지 않고 헛되이 됩니다.

한편 성적이 좋은 영업맨은 그렇게 생각하지 않습니다. 같은 이야기를 들어도 "좋은 것을 알았다. 당장 해보자."라고 늘 긍정적으로 받아들입니다. 그리고 순수한 마음으로 실행해서 결과를 냅니다.

배운 내용을 부정적으로 받아들이느냐, 긍정적으로 받아들이느냐에 따라 나중에 하늘과 땅만큼의 차이가 벌어집니다. 순수한 마음으로 가르침을 실행에 옮기는 사람만이 결과를 낸다는 사실을 명심합시다.

좋은 것은 바로 실행에 옮긴다.

무슨 말인지 알겠지만 내가 할 수 있는 일이 아니다.

무의식의 부정

연수회 등에서 배운 것이 결과로 이어지지 않는다.

좋은 것을 알았다. 그래, 오늘부터 당장 해보자!

즉시 실행

긍정적으로 받아들여서 실행하는 사람만이 성공한다.

다른 사람의 장점은
뭐든 흡수한다

당신 주변에 자신의 일은 제쳐두고 다른 사람의 결점만 들추는 사람이 있지 않나요? 그런 사람은 결코 성장하지 못합니다. 상대방의 단점이나 결점을 찾아 지적해서 좋은 것은 하나도 없습니다. 그보다는 상대방의 장점을 찾아 내게 부족한 부분을 채울 생각을 하는 것이 훨씬 이득입니다.

우수한 영업맨은 모든 이에게 배우고, 이후 영업 활동의 양식으로 삼습니다. 자신보다 성적이 저조한 영업맨에게도 '고객에게 전화를 거는 방법', '이야깃거리를 수집하는 방법', '사내에서의 행동' 등 자신에게 부족하고 도움이 되는 부분을 참고해서 흡수합니다.

세계 최고 골프 선수에게 왜 프로 코치가 있을까요? 정점에 올라도 아직 배울 것이 있기 때문입니다.

유난히 빨리 성장하고 결과도 꾸준히 내는 사람이 있습니다. 이런 사람은 언제나 다른 사람에게 흠이 아니라 배울 점을 찾습니다. 이를 이해하면 주변을 보는 시각이 달라질 것입니다.

7장

마케팅에 날개를 달아주는 SNS

7-01 IT가 없는 마케팅은 상상하기 힘들다

마케팅의 수고를 덜어주는 기술

이메일로 정보를 전달하기

내가 영업맨 시절에는 아직 정보 통신 기술(IT)이 활성화되지 않았습니다. 휴대폰을 사용하기 시작한 것도 영업맨 시절의 마지막 즈음입니다. 그 시절에 영업맨은 흔히 삐삐를 사용했습니다.

젊은 사람들은 잘 모르겠지만, 삐삐는 회사에서 무선으로 호출하면 소리가 삐삐 하고 나는 장치입니다. 삐삐가 울리면 영업맨은 회사에 전화를 겁니다. 그리고 용건을 듣고 고객 관련 용무라면 그쪽에 다시 전화를 겁니다. 외출 중이라면 공중전화를 찾아서 걸곤 했습니다. 즉 회사가 정보 중계지여서 늘 시간과 수고가 들었습니다.

그런데 IT가 등장하고 나서는 그 수고가 훨씬 줄어들었습니다. IT는 마케팅 시간을 단축할 수 있습니다. 마케팅은 사람과 많이 접촉하는 일이므로 이를 활용하지 않으면 손해입니다. 그중에서도 이메일은 한꺼번에 많은 사람에게 보낼 수 있어서, 바쁜 사람에게는 전화보다 선호되는 수단입니다.

숨은 니즈를 환기하고 싶어도, 만나지도 이야기하지도 못한다면 앞으로 나아갈 수 없지요. 그런데 IT 시대에는 만나지 않아도 소통할 수 있습니다.

만나지 않아도 많은 사람에게 동시에 정보를 줄 수 있다.

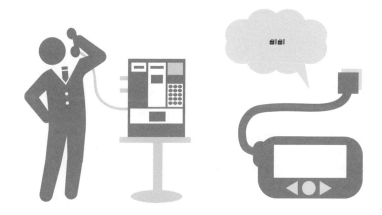

● 삐삐가 울리면 회사에 전화했던 휴대폰 이전의 시절

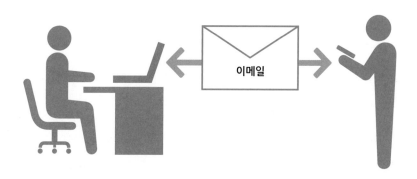

● 마케팅에 이메일을 활용하지 않으면 손해다.

7-02 이메일은 요즘 시대의 방문 영업이다

여기서도 판매는 금물

정보를 철저하게 제공한다

고객과의 접점을 만드는 가장 빠른 방법은 이메일입니다. 어떤 의미에서 이메일은 요즘 시대의 방문 영업이라고 할 수 있습니다. 게다가 고객이 쉽게 회신할 수 있어서 실제 집을 방문하는 것보다 답변을 빠르고 수월하게 들을 수 있습니다.

그런데 이메일에서 판매 관련 언급은 금물입니다. "자동차를 교체할 예정은 없으신가요?"와 같이 이야기를 꺼내면 안 됩니다. 명함을 교환하고 이메일 주소를 알아냈으면, 곧바로 감사 인사와 함께 유익한 정보를 제공해도 되는지 이메일로 물어봅니다. 감사 인사를 했기 때문에 이메일을 받는 사람도 거부감은 거의 없을 것입니다.

그 밖에는 설날, 생일이나 크리스마스와 같은 특별한 날에도 정보를 제공합니다.

명함을 교환하면 일주일 이내에는 정보 이메일을 보내서 상대방의 휴대폰이나 컴퓨터에 증거를 남기도록 합시다.

정보를 제공해도 좋은지 이메일로 부탁한다.

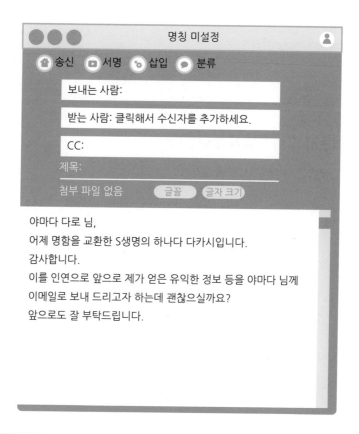

명칭 미설정

🏠 송신   ▶️ 서명   ⚙️ 삽입   💬 분류

보내는 사람:

받는 사람: 클릭해서 수신자를 추가하세요.

CC:

제목:

첨부 파일 없음   ⬭ 글꼴   ⬭ 글자 크기

야마다 다로 님,
어제 명함을 교환한 S생명의 하나다 다카시입니다.
감사합니다.
이를 인연으로 앞으로 제가 얻은 유익한 정보 등을 야마다 님께
이메일로 보내 드리고자 하는데 괜찮으실까요?
앞으로도 잘 부탁드립니다.

● 명함을 교환하면 빠른 시일 내에 이메일을 보낸다.

7-03 고객의 스마트폰에 파고든다

SNS를 적극 활용하자

언제든지 고객 상담을 들어준다

고객 중에는 이메일보다 페이스북이나 카카오톡과 같은 SNS(소셜 네트워크 서비스)를 선호하는 경우도 있습니다. 만약 고객이 SNS로 정보를 보내주기를 원하면 바로 보냅시다.

대체로 바쁜 사람일수록 이런 거래를 스마트폰으로 재빨리 처리하고 싶어 합니다. 이런 경향은 최근에 의사나 경영자 등 고소득자에게 많이 나타납니다. 그러므로 스마트폰 영업에 집중하려 한다면 고소득자를 우선해야 합니다.

당신이 열심히 SNS 활동을 하면, 그들은 당신의 업계와 관련한 안건이 나왔을 때 당신에게 먼저 상담받으려 할 것입니다. 문의가 오는 것은 그 고객이 당신을 상당히 친근하게 여기고 있다는 증거입니다. 이처럼 상담을 들어주고 만나는 일은 바로가 아니더라도 좋은 결과로 이어집니다.

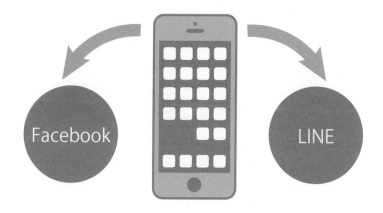

SNS 소통을 적극 활용한다.

Facebook   LINE

● SNS를 활용하는 고객도 많다.

여쭤보고 싶은 게 있는데요.

● 고객에게 친근한 존재가 된다.

7-04 SNS로 정보를 발신한다

어프로치 단계로 이어간다

블로그나 페이스북 주소를 첨부한다

세일즈 프로세스에서도 말했듯이, 만나서 이야기를 나누는 어프로치가 가장 난이도가 높습니다. 이 단계를 잘 통과하지 못하면 히어링으로 넘어갈 수 없고 프레젠테이션도 하지 못합니다.

초면에 갑자기 프레젠테이션을 하는 사람도 있는데, 이런 사람은 전형적인 영업 무식자라고 해도 좋습니다. 절대로 성공할 리가 없습니다.

이메일로 정기적으로 정보를 발신하고 있거나, 혹은 SNS로 소통하고 있다면 어프로치 단계에 근접해 있습니다. 하지만 당신이 상대방의 기억에 크게 남아 있지 않을 수 있습니다.

그렇게 되지 않기 위해서라도 당신에 대해서 알 수 있는 개인 블로그나 페이스북을 만들어놓고, 이메일에 그 주소를 첨부할 것을 추천합니다. 또한 페이스북에는 일과 취미 이야기를 반반씩 섞어서 과거 이벤트나 맛집 소개 등을 게재합니다. 이때 아는 사람이 한정되는 심오한 주제는 피하는 것이 좋습니다.

자신을 기억시키는 방법

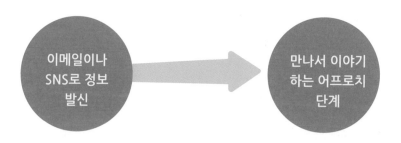

이메일이나 SNS로 정보 발신 → 만나서 이야기 하는 어프로치 단계

● 이메일이나 SNS로 정보를 발신해도 기억에 남지 않을 수 있다.

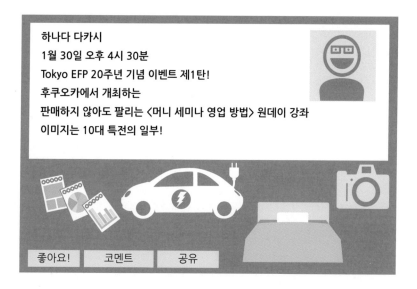

하나다 다카시
1월 30일 오후 4시 30분
Tokyo EFP 20주년 기념 이벤트 제1탄!
후쿠오카에서 개최하는
판매하지 않아도 팔리는 〈머니 세미나 영업 방법〉 원데이 강좌
이미지는 10대 특전의 일부!

좋아요!　　코멘트　　공유

● 페이스북이나 블로그로 유도한다.

7-05 스마트폰으로 프레젠테이션할 수 있다

팟캐스트의 활용

원하거든 오시오

세일즈 프로세스에서 말하는 프레젠테이션 단계와 비슷한 것을 IT로 할 수 있습니다. 앞에서도 말했듯이 통신 판매는 다수를 상대로 상품을 소개하고, 원하는 사람은 전화로 주문할 수 있도록 해서 영상으로 클로징까지 가능합니다.

'팟캐스트'를 활용하면 통신 판매와 비슷한 효과를 누를 수 있으며, 이는 일반 스마트폰만 있으면 할 수 있습니다. 우선 명함을 잘 관리해서 이메일 정보의 발신수를 늘립니다. 2,000명 정도가 되면 개인 수준으로는 많은 편입니다. 그들에게 근황 이메일을 보내면서 팟캐스트 주소를 첨부합니다.

이메일에는 과거에 개최한 세미나(이벤트)의 개요를 적습니다. '관심이 있으신 분은 봐주세요.'라는 의미입니다. 여기에는 제3자의 체험 후기 등도 넣어둡니다. 제3자가 참가해서 '좋았다.'라는 평가가 핵심입니다.

그리고 다음에 개최할 때 안내한다고 하면, 팟캐스트를 들은 참가자는 프레젠테이션을 이미 받은 상태로 오게 됩니다. 한 번 정보를 주고 나서 원하면 오게 하는 이른바 테이크 어웨이(take-away) 판매와 같습니다.

IT를 활용해서 프레젠테이션한다.

여기에 전화주세요.

● 프레젠테이션에서 클로징까지 할 수 있는 통신 판매

이 세미나에 참가하길 잘했다!

● 팟캐스트 기능을 사용하면 프레젠테이션도 가능하다.

7-06 목적은 원활한 집객과 판매 유도다

업셀링 등이 목적이다

목적과 수단을 헷갈려하지 않는다

'가지치기용 가위'의 통신 판매를 본 적이 있으신가요? 그 방송을 보고 어떻게 생각하셨나요? 그 정도 가격의 상품을 텔레비전 매체를 사용해서 판매하면 과연 본전을 뽑을 수 있을까 생각하는 사람도 있겠지요.

하지만 제 생각은 좀 다릅니다. 제 추론입니다만 마당에 심은 나무를 전용 가위로 가지치기를 할 정도면, 그 구매자는 호화 저택에 살고 시간 여유가 있는 고령의 부유층일 것입니다.

그 업체는 우선 가위를 팔아서 집객을 위한 고객 리스트를 만듭니다. 그리고 일정량의 리스트가 완성되면 개별로도 어프로치할 수 있겠지요.

여기서 생각해볼 수 있는 것이 '업셀링'이라는 수단입니다. 재킷을 사러 가면 그에 맞는 넥타이와 셔츠도 사고 싶어지는 법입니다. 이처럼 그 상품에 따라오는 다른 상품도 팔려는 속셈입니다. 가위는 이를 위한 것이며, 원하는 것은 아마 고객 리스트일 것입니다.

IT는 나날이 진보하고 있지만, 잊지 말아야 할 것은 그것은 집객과 판매를 원활하게 하는 수단이라는 점입니다. 목적과 수단을 헷갈리지 맙시다!

IT는 집객과 판매의 수단이다.

세트는 어떠세요?

● 고객이 희망하지 않는 것까지 판매하지 않는다.

IT는 집객과 판매를 원활하게
하는 것이다.

● 목적과 수단을 헷갈리지 않는다.

7-07 영업은 정치가의 선거 운동과 같다

얼굴과 이름을 기억시키자

고객을 기억하는 것이 아니라 자신이 기억되도록 한다

앞에서 IT를 활용해서 고객의 스마트폰 속에 파고들라고 말했습니다. 이는 말하자면 '언제나 저를 기억해주세요.'라는 행동입니다. 그리고 무슨 일이 있으면 자신에게 상담해주기를 암암리에 호소하고 있습니다.

이런 행동으로 지지자를 많이 얻으면 언젠가는 좋은 결과로 이어집니다. 반대로 적으면 좋은 결과를 얻지 못합니다. 그런데 이 이야기는 무언가와 닮지 않나요? 그렇습니다. 정치가의 선거 활동과 비슷합니다. 선거 운동이 시작되면 얼굴 사진이 들어간 포스터를 붙입니다. 그리고 선거 홍보차로 후보자 이름을 연달아 부릅니다.

영업맨에게도 같은 이야기를 할 수 있습니다. 영업맨은 고객의 이름을 외우려고 합니다. 하지만 본질은 반대입니다. 고객이 영업맨을 기억해주는 것이 더 중요합니다. 예전에 생명보험 영업을 했을 때, 어느 영업맨이 고객을 만나러 갔더니 "S생명이라면 하나다 씨에게 물어볼게요."라고 해서 그 소리가 내 귀에도 들어온 적이 있습니다. 다른 사람의 활동에도 유리하게 작용한 사례입니다.

영업맨이라면 얼굴과 이름이 기억되게 한다.

○○○입니다. 잘 부탁드립니다!

● 영업맨은 고객에게 기억되어야 한다.

S생명입니다.

S생명이라면 하나다 씨에게 물어볼게요.

● 고객을 외우는 것보다 고객에게 기억되도록 한다.

성공 직전에
포기하지 않는다

우수한 영업맨이든 평범한 영업맨이든 지식의 차이는 비슷합니다. 하지만 평범한 영업맨은 배우고 실천하다가도 금세 싫증을 내고 대부분 좌절합니다. 시도조차 하지 않는 것보다 낫지만, 도중에 포기하면 결과는 나오지 않습니다. 특히 잘하고 있는데 골인 적진에 노력을 그만두는 것은 매우 안타깝습니다. 능력자와 그렇지 않은 사람의 차이는 마지막까지 했는가의 차이입니다.

예를 들어 제가 '세미나 영업의 방법'을 지도한 영업맨이 있었습니다. 그는 연수를 마치고 3년 동안 월 1회씩 세미나를 개최하겠다고 선언했습니다.

처음에는 인지도가 낮아서 불안정했습니다. 참가자가 없는 비참한 일도 겪었더랍니다. 그런데도 그는 포기하지 않고 계속했습니다. 그러다 12회째 세미나 때 그 전까지 전혀 반응을 보이지 않았던 경영자 한 명이 참가했습니다.

주제는 '경영에 도움이 되는 전략적 보험 활용법'이었습니다. 그 경영자는 나중에 계약을 했습니다. 왜 그런 마음이 생겼을까요? 처음에는 신뢰하지 않았지만, 1년이나 꾸준히 하는 모습을 보고 상담할 생각이 들었다고 합니다. 만약 11회째에 그만두었더라면 그 성과는 얻지 못했을 것입니다.

8장

마케팅 기술을
키울 수 있는
최신 방법

8-01 성공한 영업맨은 이것이 다르다

면담의 계기 만들기

IT 활용과 세미나 영업

1999년에 EFP 주식회사를 창업했을 때, 컨설팅 회사와 공동으로 '일등 영업맨과 꼴등 영업맨'의 차이를 조사한 적이 있었습니다. 클로징 건수가 일등 영업맨은 일주일에 5건, 꼴등 영업맨은 0.5건이었습니다.

흔히 탑 영업맨은 '다른 사람보다 10배 더 판다.'라고 하는데 바로 그 말대로의 결과였습니다. 그 차이는 어디에서 비롯했다고 생각하세요?

세일즈 프로세스별 시간 배분에 주목해봅시다. 일등 영업맨이 3시간, 꼴등 영업맨이 20시간으로 크게 차이 나는 부분은 '면담의 계기 만들기'였습니다. 전자는 IT를 활용해서 정보를 제공하는 정보 제공형이고, 후자는 옛날식 영업이었습니다. 또는 전자는 어프로치에 시간을 들이지 않고, 후자는 시간을 들이고 있다고도 말할 수 있습니다.

영업 결과가 차이 나는 것은 열정도 끈기도 아닌 '면담의 계기 만들기', 바꿔 말하면 '가망 고객 만들기'의 능력입니다. 이 가망 고객을 단시간에 만들 수 있는 방법이 세미나로 고객을 모으는 '세미나 영업'이라는 수단이며, 이른바 마케팅이라고 할 수 있습니다.

'일등 영업맨'과 '꼴등 영업맨'의 차이

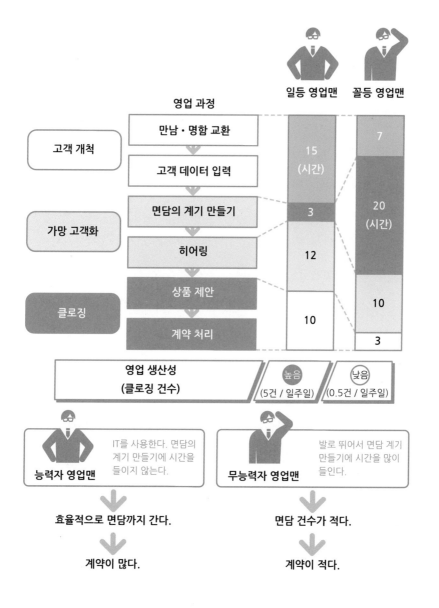

일등 영업맨   꼴등 영업맨

영업 과정

고객 개척	만남 · 명함 교환
	고객 데이터 입력
가망 고객화	면담의 계기 만들기
	히어링
클로징	상품 제안
	계약 처리

일등 영업맨: 15(시간), 3, 12, 10
꼴등 영업맨: 7, 20(시간), 10, 3

영업 생산성
(클로징 건수)

높음 (5건 / 일주일)   낮음 (0.5건 / 일주일)

능력자 영업맨 — IT를 사용한다. 면담의 계기 만들기에 시간을 들이지 않는다.

무능력자 영업맨 — 발로 뛰어서 면담 계기 만들기에 시간을 많이 들인다.

효율적으로 면담까지 간다.   면담 건수가 적다.

계약이 많다.   계약이 적다.

8-02 플랫폼 셀링을 지향한다

가망 고객을 한자리에 모은다

초보자에게 먹히는 이야기를 한다

세미나 영업이란 제가 만든 단어입니다. 미국에서도 비슷한 방법이 있는데, 현재 플랫폼 셀링이라고 부르고 있습니다. 정보를 원하는 고객이 행사장(플랫폼)에 와서 설명을 듣고 구매하는 방식입니다. 가망 고객이 한자리에 모인다는 점에서는 같습니다.

앞에서도 언급했지만, 세미나 강사는 우연히 시작했습니다. 그런데 이 세미나가 가망 고객을 늘리는 계기가 되었습니다. 참가한 의사 부인, 지인 경영자 등에게 파급되어, 괜찮은 보험 설계사가 있다고 주변에 소개해줘서 계약이 늘었습니다. 그리고 운전면허 학원 영업 시절에도 학교에서 상담회를 열어 고객을 늘렸습니다. 당시 슬럼프에 빠져 있었던 저는 "이거다!" 싶어서 그 후에도 세미나를 자주 열었습니다.

막상 신입사원이 강사를 하기엔 두려움이 클지 모르겠습니다. 하지만 그 시절 제 강의는 서비스 차원이었습니다. 가령 '남편이 해외 출장을 갔을 때 보험은 어디까지 보장되는가?' 같은 전문적인 내용이라기보다는 재미있는 이야기였던 것입니다.

가망 고객을 한자리에 모은다.

● 세미나 행사장(플랫폼)에 가망 고객이 모인다.

친구를
소개합니다.

● 고객의 소개 폭이 넓어진다.

플랫폼 셀링을 확립하면
영업 효율이 크게 오른다!

8-03 보험 판매 방법을 가르친다

세일즈 프로세스의 방법을 전수한다

신규 고객을 개척하는 방법

컨설턴트로 일하고 나서부터는 세미나 강사를 육성하는 프로그램을 개발해서 인재를 양성하고 있습니다. 그중에는 회사 매출을 올리는 방법을 가르치는 '매출 향상 세미나'가 있는데, 그 연수를 거친 사람들과 팀으로 '매출 향상 연구회'를 주최하고 있습니다. 이들과 함께 중소기업 영업부에 요청해서 세미나를 열고 있습니다.

이 세미나에서는 앞서 이야기한 집객과 세일즈 프로세스의 방법을 가르칩니다. 중소기업인 경우에는 영업력이 약하고 신규 고객 개척을 늘 고심하고 있습니다. 그래서 보험 영업을 예로 들어 성적을 올리는 방법을 자주 소개합니다.

보험 영업은 눈에 보이지 않는 상품을 파는 일이므로 형태가 있는 상품을 파는 회사라면 충분히 응용할 수 있습니다. 고객 리스트를 만들어 정보를 발신하고 가망 고객을 만들고 어프로치하는 방법을 모르는 회사가 많습니다. 이를 가르쳐서 회사의 실적이 오르면 보험 영업맨이 기업에 공헌하게 됩니다. 우수한 영업맨은 이런 일을 하고 있습니다.

세일즈 프로세스 교육의 폭을 넓힌다.

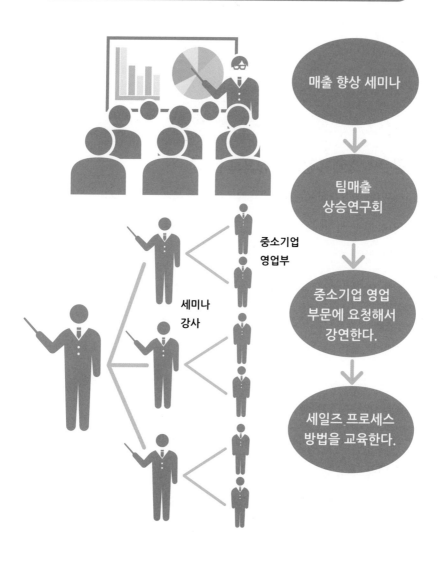

중소기업
영업부

세미나
강사

매출 향상 세미나

팀매출
상승연구회

중소기업 영업
부문에 요청해서
강연한다.

세일즈 프로세스
방법을 교육한다.

8-04 꾸준히 계속해야 성공한다

일반적인 주변 정보를 제공한다

같은 장소에서 같은 일정으로 한다

세미나는 집객과 세일즈 프로세스를 원활하게 하는 마케팅 방법입니다. 세미나 개최 시점에서는 집객이 목적입니다. 이때 판매하면 안 됩니다. 회사 강의에 초청된 자리에서 자사 상품을 권하면 실패하겠지요.

보험 영업을 예로 들면, 상품과 관련한 주변 정보를 제공해야 합니다. 젊은 사람이 대상이라면 라이프 플랜 중 머니 플랜을 어떻게 세우면 좋은지, 그리고 보험은 그 일과 어떤 관련이 있는지를 설명합니다. 그 다음에 설문 조사를 하고, 상담을 원하는 사람과 상담합니다. 주소나 이메일 주소를 입수하면 정보를 발신합니다.

세미나 자체의 목적은 참가자에게 도움이 되는 유익한 정보를 제공하는 것입니다. 성공하기 위해서는 역시 꾸준히 계속해야 합니다. 가능하면 같은 장소에서 같은 일정으로 진행하는 것이 좋습니다.

저는 처음에 참가자가 2명이거나 아예 없을 때도 있었습니다. 참가자가 없을 때는 다음 세미나에 대비해서 롤플레잉을 하면 됩니다. 계속하다 보면 뜻밖의 안건이 들어올 것입니다.

판매하지 않는다. 그리고 계속한다.

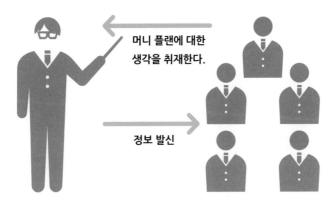

머니 플랜에 대한
생각을 취재한다.

정보 발신

● 세미나는 집객의 수단이므로 판매는 하지 않는다.

● 참가자가 적어도 꾸준히 계속하면 힘이 된다.

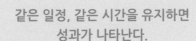

같은 일정, 같은 시간을 유지하면
성과가 나타난다.

8-05 제목에 판매를 암시하지 않는다

판매한다고 느끼게 하지 마라

영업은 조연일 뿐이다

첫 세미나 영업에 성공한 저는 같은 세무사 사무소와 함께 두 번째 세미나를 열었습니다. 보험을 전면으로 내걸어서 저는 '알면 도움이 되는 보험의 구조'를, 세무사는 '보험을 토대로 한 상속세' 이야기를 했습니다.

그런데 결과는 참담하게도 참가자를 2명밖에 모으지 못했습니다. 게다가 그중 1명은 보험 영업맨이었습니다. 고객이 등을 돌린 이유는 보험을 전면으로 내걸었기 때문이라고 생각합니다.

그래서 이후에는 보험이 연상되는 단어를 피해서 '사업 승계와 상속세'로 잡고, 이와 연관시켜서 보험을 활용하는 방법을 해설했습니다.

인기를 모은 세미나의 예로는 여성을 위한 '머니 세미나'가 있습니다. 파이낸셜 플래너(FP)가 가르치는 인생의 머니 플랜과 보험 이야기를 엮은 수업으로, 대형 신문사와 제휴해서 개최하기도 했습니다.

세미나에서 장사꾼 냄새를 풍기지 않는다.

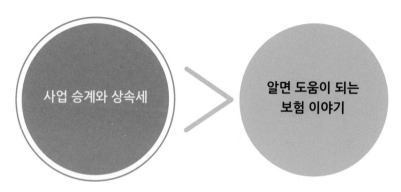

● '보험 이야기'는 세미나에서 서브로 취급한다.

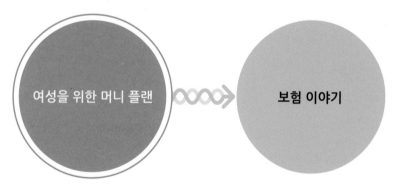

● FP가 가르치는 머니 플랜과 보험 이야기를 연관시킨다.

8-06 세미나를 스텝업한다

타이업으로 집객을 늘린다

의뢰를 받기까지 과정

세미나를 꾸준히 계속하라고 했지만, 단독으로 계속 개최하기란 여러모로 어렵습니다. 주제 잡기도 집객도 한계가 있지요.

그것을 해결하는 방법이 타이업(Tie-up) 개최입니다. 그러면 자신의 고객뿐만 아니라 파트너의 고객도 부를 수 있어서 집객이 늘고, 주제도 넓힐 수 있습니다.

파트너 팀의 주제가 '사업 승계와 상속세'라면 그에 걸맞은 이야기를 준비합니다. 처음 다루는 내용은 롤플레잉을 하여 준비하세요. 그리고 과거의 실적은 증거로 남겨둡니다.

구체적으로는 개인 홈페이지나 페이스북 등에 언제 누구와 세미나를 연 사실을 사진과 함께 올립니다. 이런 활동을 계속하다 보면 언젠가는 다른 단체 등에 강사로 의뢰받게 됩니다.

'단독 개최 → 타이업 개최 → 의뢰받은 세미나'라는 단계를 밟습니다. 세미나를 의뢰받으면 성공입니다. 제 경우에는 최종적으로 대학교에서 의뢰받아 현재 경제학부에서 강의를 하고 있습니다.

세미나 영업 실천자의 단계

대학, 대기업 강사
기준 기간
(4년~)

의뢰받은 세미나
기준 기간
(2~5년)

**의뢰받은 후
계약 성사 ·
업무**

- 집객은 주최자에게 맡긴다.
- 세미나 관계자도 고객이 될 수 있다.
- 참가자 중에서도 새로운 일을 외뢰
  할 가능성이 있다.

타이업 세미나
기준 기간
(1~3년)

- 고객층이 다른 협력처를 노린다.
- 변호사, 공인회계사 등 사업(士業),
  특히 세무사와의 타이업을 추천한다.
- 증거(세미나 실적 증거)를 가지고
  행동한다.
- 파트너와 세미나 대상자를 고려한
  프로필 만들기

단독 세미나
기준 기간
(~2년)

- 세미나 중에는 강의에 집중한다.
- 세미나 후는 개별 상담을 준비한다.
- '개인용 → 법인용'에 대한 의식

차별화, 브랜드력

8-07 협력처를 적극적으로 개척한다

활동 실적의 증거를 모아둔다

실적을 언제든지 꺼낼 수 있도록 한다

의뢰를 받으려면 세미나 강사로 이름이 알려져야 합니다. 앞에서 영업을 선거에 비유했는데, 이것도 마찬가지입니다. 세미나 강사라는 사실이 인지되도록 방법을 궁리하는 것이 중요합니다.

몇 번의 단독 개최로 유명해지는 일은 없습니다. 거듭 말하지만 꾸준히 계속해야 합니다. 막 데뷔한 가수가 경기장에서 콘서트를 여는 일은 없겠지요. 작은 라이브 하우스 등에서 노래를 부르다가 서서히 알려지는 것과 같습니다.

어느 정도 실적이 늘면 증거(모집에 사용한 전단지 등의 데이터를 SNS에 올려놓음)를 가지고 협력처를 개척합니다. 이를 영업 중에 해야 합니다.

제가 한 여성 경영자에게 '여성을 위한 머니 세미나'의 타이업을 제안하자, 그는 '매출 향상 세미나'를 요구했습니다. 관심은 머니가 아니라 매출 향상이었던 것입니다. 여기서 '매출 향상 세미나'를 열었던 기록을 활용했습니다. 이처럼 과거의 실적을 제시하는 것이 중요합니다.

실적이 언제든 보이도록 한다.

고등학교에서도 수업했습니다. '하나다 선생님'

'기업가 정신'이라는 주제로 수업했습니다.

사전에 받은 설문조사를 토대로 아래에 대해서 강의했습니다.

- 직업 내용
- 일하면서 힘든 점
- 필요한 적성
- 하루 일정
- 일하는 마음가짐
- 일에 대한 이상과 현실
- 휴일을 보내는 방법

(학생의 감상)

선배님들의 이야기는 매우 재밌어서 웃기는 장면도 있는가 하면, 우리가 앞으로 재능을 살릴 수 있는 일에 대해서도 많이 알려주셔서 도움이 되었습니다. 저는 아직 장래에 하고 싶은 일을 찾지 못했습니다. 그런데 주변에는 확고한 꿈을 가진 친구들이 많아 초조했는데, 선배님들의 이야기를 듣고 지금은 내게 주어진 일을 하나씩 확실하게 해나가려고 합니다. 그리고 이들을 스스로 해내는 자립정신도 키워…….

8-08 여러 의뢰가 이어진다

지명도 올리기

면담의 계기를 만드는 것이 쉬워진다

세미나 강사로 알려지면 다른 단체가 주최하는 세미나나 기업 연수의 강사를 의뢰받기도 합니다. 이 경우에는 주최자측이 집객을 해줍니다.

예전에 대형 증권회사가 주최하는 세미나에서 유명한 프로야구 해설가와 공동 강연을 한 적이 있습니다.

공통 주제는 '머니 플랜'으로, 그 분은 야구 인생에서 배운 점을 이야기하면서 홈런상 등으로 받은 돈을 어떻게 관리했는지에 대해서 말하고, 저는 증권이나 보험과 연관시켜서 머니 이야기를 했습니다.

저는 세미나를 계속한 덕분에 선생님이라는 호칭으로 불렸습니다. 참가자는 수백 명 규모로 바뀌어 제가 한 단계 더 성장할 수 있었습니다. 물론 의뢰받은 세미나에서 개별 면담은 어렵습니다. 다만 부차적인 효과는 최고입니다.

참가자에게 세미나를 의뢰받는 등의 여러 계기가 생기면 가망 고객이 자연스럽게 늘어납니다. 이런 단계에 오면 앞에서 말한 '면담의 계기 만들기'에 부족함을 느끼지 않게 됩니다.

다른 주최자에게 의뢰받으면 집객이 편하다.

저희 회사에서 강의해주세요.

선생님 부탁합니다!

저희 회사도 부탁드려요.

● 인지도가 오르면 동시에 의뢰도 늘어난다.

세미나를 계속한다.

인지도가 오른다.

다른 세미나나 기업 연수에 초청된다.

● '면담의 계기 만들기'가 충분해진다.

8-09 세미나 후를 소홀히 하지 않는다

신뢰감이 높아진 시점 공략법

강사에서 영업맨으로 돌아오다

세미나를 하면서 고객을 어느 정도 만족시켰다고 합시다. 하지만 여기서 끝내서는 안 됩니다. 이 단계는 세일즈 프로세스에서 말하는 어프로치까지입니다.

고객이 상품에 대한 관심이 가장 높을 때는 이야기를 들은 직후입니다. 강사에게 정보를 듣고 신뢰감도 높은 상태입니다. 선생님이라고 불리는 것을 낯간지러워하지 마세요. 이때는 선생님으로 지내는 것이 효과적입니다.

상대방의 신뢰를 느끼는 이 시점이 중요합니다. 세미나 종료 후에 설문조사와 개별 상담 신청서를 준비해서 작성을 부탁하면 좋습니다. 이 정보는 가망 고객의 데이터가 되어 추후 상담으로 이어집니다.

한층 더 빠른 방법으로는 행사장과는 별도로 개별 상담용 부스를 마련해서 하는 상담이 있습니다. 이렇게 '세미나 → 개별 상담 → 클로징' 순으로 전개합니다. 개별 상담을 할 때는 세미나 강사는 일단 내려놓고 영업맨으로 다시 돌아갑니다. 세미나의 목적은 협상을 해서 재빨리 클로징으로 가는 것입니다.

선생님, 좋은 말씀 잘 들었습니다.

● 세미나 직후에 설문조사와 상담 신청서 작성을 부탁한다.

● 영업맨으로 돌아가 개별 상담을 받는다.

세미나의 목적은 협상을 해서
재빨리 클로징으로 가는 것이다.

8-10 영업맨은 가르치는 사람이다

장점을 알리고 니즈를 환기하라

우수한 영업맨의 자세

지금까지 집객과 판매를 동시에 하는 이른바 플랫폼 셀링이 세미나 영업이라는 점을 설명했습니다. 세미나 단독 개최부터 시작해서 의뢰를 받으면 완성형이라고 해도 좋습니다. 저는 6년 전부터 대학교의 경제학부에서 영업 강의를 하고 있는데, 이것도 의뢰받은 세미나인 셈입니다.

앞에서 영업은 판매가 아니라고 말했습니다. 그렇다면 영업이란 무엇일까요? 저는 이렇게 정의합니다.

"영업맨이란 파는 사람이 아니라 가르치는 사람이다."

집객을 해서 세미나 형식으로 상품과 관련된 주변 정보를 해설하여 상품의 장점을 전하고 숨은 니즈를 환기하다 보면 결과적으로 계약하려는 사람이 나옵니다. 그들은 지금까지 그 상품을 통해서 누릴 수 있는 장점을 몰랐지만 당신이 가르쳐서 고객이 계약했으므로, 핵심은 가르치는 데 있습니다.

'기억하는 것보다 기억된다, 파는 것보다 가르친다.' 이것이 우수한 영업맨이 되기 위한 자세입니다.

영업맨이란 가르치는 사람이다.

영업맨이란 파는 사람이 아니라 가르치는 사람이다.
→ 기억하는 것보다 기억된다.

상품의 장점을 가르치고 숨은 니즈를 환기한다.
→ 파는 것보다 가르친다.

● 세미나 + 주변 정보 + 니즈 환기 → 계약

마케팅은 기본만 잘 익히면
쉽게 성과가 나는 분야다

영업은 스포츠 세계와 닮았습니다. 방법은 알고 있어도 실제로는 잘하지 못하는 사람이 많기 때문입니다. 야구를 예로 들면, 그 선수니까 안타를 그만큼 칠 수 있는 것이고 그 선수는 특별합니다.

물론 스포츠와 영업이 다른 점도 있지요. 영업은 기초도 없이 교육도 받지 않은 채 하는 사람이 대부분입니다. 입사하자마자 급하게 실전에서 배우기 시작하지요. 또 그 방법도 업종과 업태마다 달라서, 많은 영업맨이 기초를 익히기도 전에 적성을 운운하며 포기합니다.

야구든 축구든 영업이든 기초를 쌓아야 숙달됩니다. 모든 일이 그렇듯 기본은 중요합니다. 그래야 응용도 할 수 있고, 각자의 스타일도 생깁니다.

저도 방문 영업부터 시작해서 많은 시행착오를 겪어서 지금에 이르렀습니다. 처음에는 지방 상사의 혼자만의 부서에서 기초도 없는 상태에서 영업하러 나갔습니다. 만약 당시에 영업의 기본을 배울 기회가 있었다면 조금 더 수월하게 일하지 않았을까 생각합니다.

그 후 생명보험 영업으로 전향해서 '세일즈 프로세스'의 중요성을 깨달았고, 지금까지 그 기술을 갈고닦아 왔습니다. 집객의 중요성을 크게 느끼고는 집객법도 개발했습니다. 덕분에 생명보험 업계에서는 능력자라고 불리며 일반 영업맨의 5배 실적을 거두었고, 컨설턴트가 되고 나서는 그 기술을 가르쳐 교육을 받은 직원들의 매출을 3배로 올렸습니다.

마케팅은 특별한 사람만 하는 일이 아니라, 기본만 익히면 누구나 쉽게 성과를 올릴 수 있는 분야입니다. 그래서 이제는 '가르치는 활동'에도 주력하고 있습니다. 2010년부터는 대학교에서 강의를 하고, 2014년부터는 사단법인 '영업인재 교육협회'를 세워 영업에 종사하는 사람들을 가르치고 있습니다.

알기만 하는 것이 아니라 이해하고 실천하는 것이 영업 성과를 올리는 핵심입니다. 이 책이 앞으로 영업을 실천하는 사람들에게 도움이 되기를 바랍니다.

초판 1쇄 인쇄 2018년 4월 25일
초판 1쇄 발행 2018년 5월 2일

지은이 팀매출상승연구회
감수 하나다 다카시
옮긴이 장인주

발행인 장상진
발행처 경향미디어
등록번호 제313-2002-477호
등록일자 2002년 1월 31일

주소 서울시 영등포구 양평동 2가 37-1번지 동아프라임밸리 507-508호
전화 1644-5613 | **팩스** 02) 304-5613

ISBN 978-89-6518-262-7 03320